折戟沉沙

兵器元素中的历史与文化内涵

卢伟 编著

陕西新华出版传媒集团
未 来 出 版 社

图书在版编目（CIP）数据

折戟沉沙：兵器元素中的历史与文化内涵 / 卢伟编著 . -- 西安：未来出版社，2018.5

（中华文化解码）

ISBN 978-7-5417-6620-6

Ⅰ. ①折… Ⅱ. ①卢… Ⅲ. ①兵器(考古) – 研究 – 中国 Ⅳ. ①K875.84

中国版本图书馆CIP数据核字（2018）第085946号

折戟沉沙——兵器元素中的历史与文化内涵

ZHEJICHENSHA——BINGQI YUANSU ZHONG DE LISHI YU WENHUA NEIHAN

选题策划　高　安　马　鑫

责任编辑　陈　艳

装帧设计　陕西年代文化传播有限公司

出版发行　陕西新华出版传媒集团　未来出版社

地址：西安市丰庆路91号　邮编：710082

经　　销　全国新华书店

印　　刷　陕西金德佳印务有限公司

开　　本　880mm × 1230mm　1/32

印　　张　7.25

版　　次　2018年5月第1版

印　　次　2018年5月第1次印刷

书　　号　ISBN 978-7-5417-6620-6

定　　价　26.00元

总序

中华民族的历史源远流长，从刀耕火种之始，物质文化便与精神文化相辅相成，一路扶持，共同缔造了博大精深的中华文化。这不仅使古代的中国成为东亚文明的象征，而且也为人类文明史增添了一大笔宝贵的遗产。在中国的传统文化中，物质文化以其贴近人类生活，丰富多彩和瑰丽璀璨的特点，集艺术与实用为一体，或华丽，或秀雅，或妩媚，或质朴，或灵动，或端庄，而独步于世界文化之林，古往今来备受东西方瞩目。“中华文化解码”丛书以通俗流畅、平实生动的文字，为我们展示了传统文化中一幅幅精美的图画。

上古时代，青铜文化在中原地区兴起，历经夏、商、西周和春秋，约1600年。其间生产工具如耒、铲、锄、镰、斧、斤、锛、凿等，兵器如戈、矛、戟、刀、剑、钺、镞等，生活用具如鼎、簋、鬲、簠、盨、敦、壶、盘、匜、爵等，乐器如铙、钟、镈、铎、句鑃、錞于、铃、鼓等，在青铜时代大都已出现了。西周初期，为了维护宗法制度，周公制礼作乐，提倡“尊尊”“亲亲”，一些日常生活中所用的器物逐渐演变成体现社会等级身份的“礼器”——或用于祭祀天地祖先，或用于朝觐宴饮，身份不同，待遇不同，等级森严，不得逾越。王公贵族击鼓奏乐、列鼎而食，天子九鼎，诸侯七鼎，卿大夫、士依次递减，身份等级，斑斑可见。鼎、簋、鬲、簠等食器，铙、钟、镈、铎等乐器，演变成为贵族阶级权力的象征。以青铜器为象征符号的礼乐制度，虽然随着青铜文化的衰落而由仪式转向道德，但对中国传统文化的影响却极为深远。

春秋战国时代，由于铁器的兴起并被广泛应用于社会生产和日常生活之中，人们的生活方式发生了巨大的改变。首先，铁农具的使用提高了农业生产力，社会财富日益积累，人们的生活水平得以提高，追求物质享受和精神愉悦的需求，反过来促进了衣食住行生产的发展；其次，手工制造业也因铁器的使用而开始发达，木质生活器具——漆器兴起，并逐渐取代了青铜器成为日常生活中的主要器具。曾经作为礼器的各类器具走下神坛，开始了“世俗化”的生活，品种越来越多，实用性越来越强，反过来促使生活器具愈来愈趋向人性化。在物质与精神的双重追求下，传统社会的物质文化不断向着实用和审美两者兼具的方向发展，成为中华民族传统文化的象征符号。

中国是传统的农业国家，讲起传统文化，不得不首先谈谈耒耜、锄、犁、水车、镰和磨等农业生产工具。人们使用它们创造并改变了自己的生活，同时也在它们身上寄托了丰富的感情。在中国的传统文化里，一直存在着入世与出世的两种精神。或读书入仕，或驰骋疆场，光宗耀祖，修身、齐家、治国、平天下的理想激励着多少古人志存高远。但红尘的喧嚣，仕途的艰险，又使人烦扰不已，于是视荣华为粪土，视红尘为浮云，摆脱尘世的干扰，寻一方乐土，回归淡然恬静，也成为很多人理想的生活方式。耒耜、犁等作为农业生产必不可少的农具，也成为这些人抒发遁世隐居情怀的隐喻。“国家丁口连四海，岂无农夫亲耒耜。先生抱才终大用，宰相未许终不仕。”那座掩映在山间，坐落在溪流之上的磨坊，随着水流而吱吱旋转永无休止的磨盘，则成为古人自我磨砺、永不言败、超脱旷达的象征。

农耕文化“日出而作、日落而息”的慢节奏的悠闲生活，使得我们的祖先有的是时间去研究衣食住行等多方面的内容，从而创造了独特的东方文化精粹。其中，饮食文化是最具吸引力的一个内容。不论是蒸、煮、炝、炒，还是煎、烤、烹、炸，不论是蔬果，还是肉蛋，厨艺高超的烹饪师都有本事将它们做成一道道色、香、味俱全的美味佳肴。这些美味佳肴配上制作精美、造型各异的食器，便组成了一场视觉与味蕾的盛宴。从商周的青铜器，到战国秦汉的漆器，再到唐宋以后的瓷器，传统社会的食器从材质到形制及其制作方法都发生了很大的变化，唯一不变的是对美学艺术和精神世界的追求。从抽象而神秘的纹饰，再到写实而生动的画面，不论是早期的拙朴，还是后期的灵秀，都倾注着中华民族的祖先对生活的热爱与执着。因为饮食在中国传统文化中起着调和人际关系的重要作用，所以中国文化的含蓄与谦恭，尽在宾主之间的举手投足之中，而那一樽樽美酒、一杯杯清茶与精美的器皿则尽显了中国饮食文化的热情与好客。“醉翁之意不在酒，在乎山水之间也”，“兰陵美酒郁金香，玉碗盛来琥珀光”，酒与古代文人骚客“联姻”，成就了多少绝世佳句！

衣裳服饰，既是人类进入文明的标志，也是人类生活的要素之一。它除了具有满足人们遮羞、保暖、装饰自身需求的特点外，还能体现一定时期的文化倾向与社会风尚。我国素有“衣冠王国”的美称，冠服制度相当等级化、礼仪化，起自夏、商，完善于西周初期的礼乐文化，为秦汉以后的历代王朝所继承。然而在漫长的历史发展中，我国的传统服饰，包括公服和常服，却不断地发生着变化。商周时的上衣下裳，战国时的深衣博带和赵武灵王的“胡服骑射”，汉代的宽袍大袖，唐代的沾染胡风与开放华丽，宋明时期的拘谨与严肃，清代的呆板与陈腐，无不与经济、政治、思想、文化、地理、历史以及宗教信仰、生活习俗等密切相关。隋唐时期，社会开放，经济繁荣，文化发达，胡风流行，思想包容，服饰愈益华丽开放，杨玉环的《霓裳羽衣曲》以“慢束罗裙半露胸”的妖娆，惊艳了整个中古时代。

在中国古代服饰发展的过程中，始终体现着社会等级观念的影响，不同社会身份的人，其服装款式、色彩、图案及配饰等，均有着严格的等级定制与穿着要求。服饰早已超越了其自然功能，而成为礼仪文化的集中体现。

对人类而言，住的重要性仅次于衣食。从原始时代的穴居和巢居，到汉唐的高大宏伟的高台建筑，再到明清典雅幽静的园林，中国的居住文化由简单的遮风避雨，逐渐发展到舒适与美观、生活与享受的多种功能，而视觉的舒适与精神的审美则占了很大一部分比重。明代文人李渔在《闲情偶寄》中讲道：“盖居室之制贵精不贵丽，贵新奇大雅不贵纤巧烂漫”，“窗栏之制，日新月异，皆从成法中变出”。在他们眼中，房屋的打造本身就应该是艺术化的一种创作，一定要能满足居住者感官的需求，所以要不断推陈出新。在这样的诉求下，中国的传统居住文化集物质舒适与精神享受为一体，一座园林便是一个“天人合一”的微缩景观，山水松竹、花鸟鱼虫等应有尽有，楼、台、亭、阁、桥、榭等掩映其间，错落有致。临窗挥毫，月下抚琴，倚桥观鱼，泛舟采莲，“蓬莱深处恣高眠”，“鸥鸟群嬉，不触不惊；菡萏成列，若将若迎”，好一幅纵情山水、优游自适的画卷！

与传统园林建筑相得益彰的是家具。明清时代的木制家具不仅是中国文化史上精美的一章，也是人类文明史上华丽的一节。幽雅的园林建筑配上典雅精致的木制家具，寂寞的园林便有了生命的存在。木质家具是人类生活中必不可少的器具，它的广泛使用与铁制工具的普及密切相关。从秦汉时期的漆器，到明清时期的高档硬木，古典家具经历了2000多年的发展历程。至明清时代，中国的古典家具便以简洁的线条，精致的榫卯结构，以及雕、镂、嵌、描等多种装饰的手法而闻名于世。因为桌案几、椅凳、箱柜、屏风等的起源都可上溯到周代的礼器，所以尽管长达数千年的发展，木质家具早已摆脱了礼器的束缚，不但形式多样，而且制作精美，但是在它们身上仍然体现了传统文化的影响。功用不同，形制不一，主人的身份不同，家具的装饰与材质也就不同。一张桌子、一把椅子、一张床、一座屏风，不仅仅显示的是主人的身份和社会地位，也是主人品位和风雅的体现。正因为如此，文人士大夫往往根据自己的生活习性和审美心态来影响家具的制作，如文震亨认为方桌“须取极方大古朴，列坐可十数人，以供展玩书画”。几榻“置之斋室，必古雅可爱”。“素简”“古朴”和“精致”的审美标准，加上高端的材质、讲究的工艺和精湛的装饰技术，使我国的古典家具成为传统物质文化中的瑰宝。

中国传统文化有俗文化与雅文化之分，被称作翰墨飘香的“文房四宝”——笔、墨、纸、砚，便是雅文化中的精品。这是一种渗透着传统社会文化精髓的集物质元素与精神元素为一体的高雅文化。从传说中的仓颉造字起，笔、墨、纸、砚便与中国文人结下了不解之缘。挥毫抒胸臆，泼墨写人生，在文人士大夫眼中，精美的文房用具不仅是写诗作画的工具，更是他们指点江山、品藻人物、激扬文字、超然物外、引领时代风尚的精神良伴，即“笔砚精良，人生一乐”是也。作为文人的“耕具”，笔具有某种人格的意义，往往作为信物用于赠送。墨等同于文才，“胸无点墨”便是不知诗书。在中外的历史上，没有哪一个民族像中华民族这样，能把文化与书写工具紧密相连，也没有哪一个民族的文人能像中国文人那样，把笔、墨、纸、砚视作自己的生命或密友。在这样的文化氛围中，人们对笔、墨、纸、砚的追求精益求精，它们不再仅仅是书画的工具，更成为一种艺术的精品。可以说，文人士大夫对“文房四宝”的痴迷赋予其深沉含蓄的魅力，而深沉含蓄的“文房四宝”则成就了文人士大夫温文儒雅、挥洒激扬的风姿。“风流文采磨不尽，水墨自与诗争妍。画山何必山中人，田歌自古非知田。”两者水乳交融的结合，形成了中国文化特别是书画艺术无与伦比的意蕴。

说到音乐，则既有所谓“阳春白雪”之类的雅乐，也有所谓“下里巴人”的俗乐，更离不开将音乐演绎成“天籁之声”和“大珠小珠落玉盘”的传统乐器。音乐的产生与人类的文明有着密切的关系，音乐和表现音乐的各种乐器，与文学、书法、绘画等艺术形式一样，既是人类文明的产物，也是文化的重要组成部分。作为精神文明的成果，音乐经历了人神交通、礼仪教化、陶冶情怀和享受娱乐的几个阶段，曲调由神秘诡异、庄重肃穆变得清雅悠扬、活泼轻快起来。传统的乐器也由拙朴的骨笛、土鼓、陶埙等，演变成大型的青铜编钟，进而又演化成琴、筝、箫、笛、二胡、琵琶、鼓等。每一种乐器都演绎着不同的风情，“阅兵金鼓震河渭”擂起的是军旅的波澜壮阔；“半台锣鼓半台戏”敲响的是民间的欢乐喜庆；有“天籁之音”之称的洞箫，吹出的是中国哲学的深邃；音色古朴醇厚的埙，传达的是以和为美的政治情怀。在所有的乐器中，最为人所重的是琴。在古代，琴被视为文人雅士之所必备，列于琴、棋、书、画之首，“琴者，情也；琴者，禁也”，它既是陶冶情怀、修身养性的重要工具，又是抒发胸怀、传递情感的媒介。一曲《高山流水》使伯牙、钟子期成为绝世知音，一曲《凤求凰》揭开了司马相如与卓文君爱情的序幕，《平沙落雁》《梅花三弄》等则奏出了骚人墨客的远大抱负、广阔胸襟和高洁不屈的节操。

与雅文化相对应的是俗文化。俗文化产生于民间，虽然没有“阳春白雪”的妩媚与高雅，却有着贴近生活的亲切和自然。那些小物事、小物件，看起来不起眼，却在日常生活中不可或缺。那盏小小的油灯，虽然昏暗，却在黑暗中点燃了希望；上元午夜的灯海，万人空巷，火树银花，宝马雕车，是全民族的节日狂欢。文化必须在流动中才能绽放美丽。那曾经是帝王专用的华盖，虽然因走向民间而缺少了威严，但民间的艺术却赋予它更多的生命意义：以伞传情，成就了白娘子与许仙的传奇；以伞比兴，胜于割袍断义的直白。庆典中的伞热烈奔放，祭典中的伞庄重肃穆，浓烈与质朴表达的都是传统文化的底蕴。原本“瑞草萐莆叶生风”的扇，只为夏凉而生，在文人墨客手里却变成了风雅，“为爱红芳满砌阶，教人扇上画将来。叶随彩笔参差长，花逐轻风次第开”。

扇与传统书画艺术的结合，使其摇身一变而登堂入室。而秋扇寒凉之悲，长袖舞扇之美，则为扇增添了凄美与惊艳。那把历经沧桑的锁呢？它锁的不是悲凉哀伤，而是积极快乐、向往美好和吉祥如意的心，既关乎爱情，也关乎生活，更关乎人生！

在传统的民俗文化中，有一组主要由女人创造的物质文化载体，那就是纺织、编织、缝纫、刺绣、拼布、贴布绣、剪花、浆染等民间手工艺品。同其他传统物质文化一样，这些民间手工艺品，在中国也传承了数千年的历史，并且一代一代由女性传递下来。这些民间艺术作品秀外慧中，犹如温婉的女子，默默与人相伴，含蓄多情，体贴周到却不张扬。因为是女人的制作，这些民间艺术难登大雅之堂，但离了它，人们的日常生活便缺失了很多色彩。

剪纸起源于战国时期的金箔，本是用于装饰，自从造纸术发明以来，心思灵慧的女人们便用灵巧的双手装点生活，婚丧嫁娶，岁时节日，鸳鸯戏水、十二生肖、福禄寿喜、岁寒三友等，既烘托了气氛，又寄托了情感。男女交往，两情相悦，剪纸也是媒介，“剪彩赠相亲，银钗缀凤真……叶逐金刀出，花随玉指新”。

由结绳记事发展而来的中国结，经由无数灵巧双手的编结，呈现出千变万化的姿态，达到“形”与“意”

的完美融合。喜气洋洋的“一团锦绣”，象征着团结、有序、祥和、统一。

最早的绣品出现在衣服之上，本是贵族身份地位的标志，龙袍凤服便是皇帝和皇后的专款。不过，聪慧的女人把自己的生活融入了刺绣艺术之中，各种布艺都是她们施展绣技的舞台，对生活的期望和祝福也通过具有象征意义的图画款款表达。那或精致小巧、或拙朴粗放的荷包，都寄托了女人们不尽的情怀！中国的四大名绣完全可以当之无愧地登堂入室，成为中华传统文化的瑰宝。

“渔阳鼙鼓”不仅惊醒了唐玄宗开元盛世的繁华梦，也打破了大唐民众宁静的生活。那些从远古狩猎器具发展演变而来的干戈箭羽，曾经是猎人骄傲的象征，如今却变成了杀人的利器，刀光剑影中，血似残阳。在漫长的冷兵器时代，刀枪棍棒、斧钺剑戟，对皇家而言，是权威的象征，威严的仪仗便是象征着皇权之不可撼动；但对个人而言，则是勇士身价的体现，三国时代的关羽以“走马百战场，一剑万人敌”而扬名千年。然而，正如其他器物一样，兵器在传统文化中也被赋予了多样的文化象征意义。“项庄舞剑，意在沛公”，这剑便是杀气，项庄便是剑客；文人弄剑，展现的则是安邦定国、建功立业的豪气。斧钺由兵器一变而为礼器，象征着军权帅印，接受斧钺便意味着被授予兵权，因此斧钺就成为皇权的象征。斧钺的纹饰为皇帝所独享，违者就是僭越。礼乐文明赋予传统文化雍容的气质，也为嗜血的兵器涂上一抹温雅的祥和，那就是“化干戈为玉帛”和射礼的出现。春秋时代的中原逐鹿原本就是华夏民族内部的纷争，“兄弟阋于墙，外御其侮”，民族发展的最大利益便是和平。逐鹿的箭羽配着优雅的乐调，大家称兄道弟一起享受着投壶之乐，一切矛盾化为乌有。

具有五千年历史的中华民族，以其勤劳和智慧，创造了丰富多彩、璀璨夺目的物质文化。它们源于生活，又高于生活，在数千年的发展中，融合了雅俗文化的精髓，变得富有生命力和艺术创造力。它们是一种象征符号，蕴含了传统文化的博大精深；它们是一幅美丽的画卷，展现了传统文化的精致典雅；它们是一部传奇，演绎了传统文化由筚路蓝缕走向辉煌。它们所体现出的文化元素，不仅使历史上的中国成为东亚文化的中心，也成为西方向往的神秘王国。它们犹如一部立体的时光记忆播放机，连续不断地推陈出新，中华文化精神也就在这些集艺术与实用为一体的物质元素中一代一代地传承下来。

焦　杰

目录

第三章 枪

第四章 刀

第五章 戈

第六章 剑

绪 论

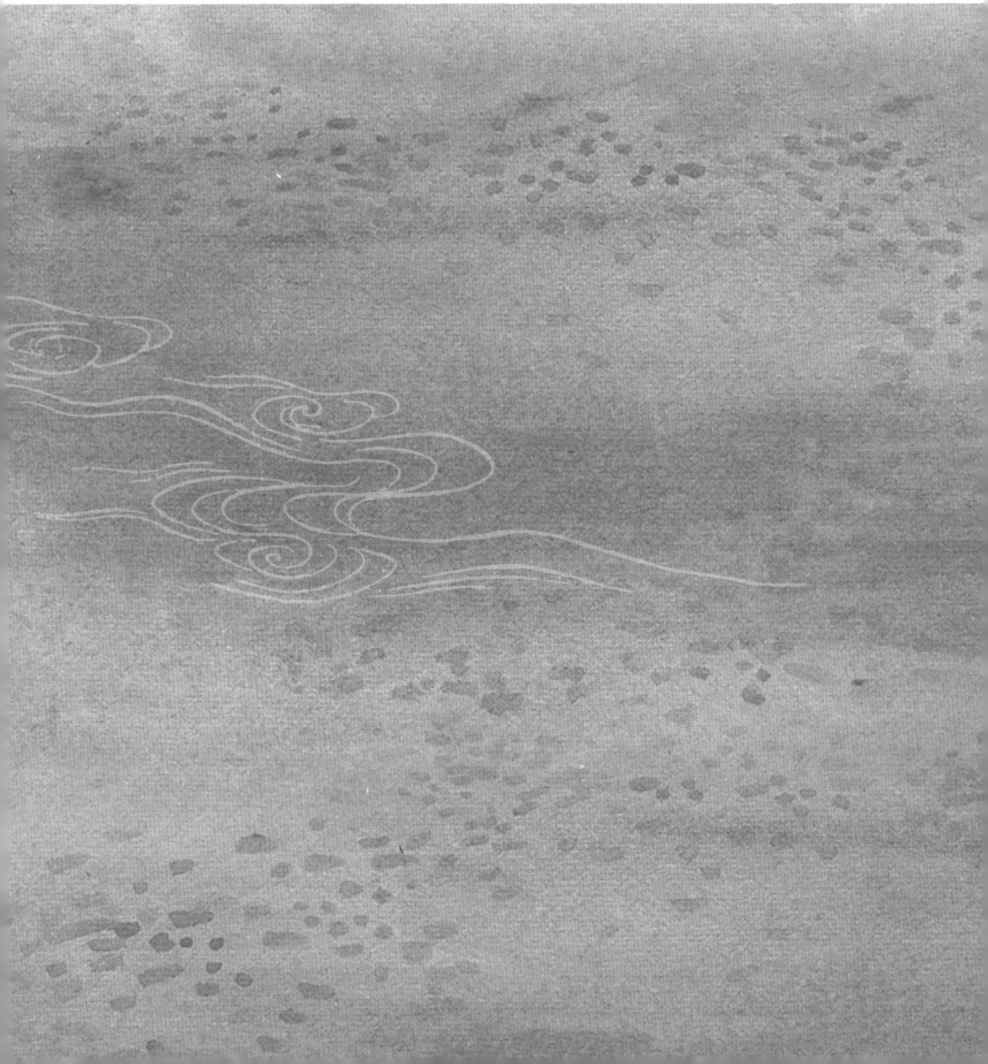

说到中国古代的兵器，虽起源很早，但最初它们的功用都不是纯粹意义上的兵器。如原始先民们所使用的棍，其实在当时的主要用途是捕获猎物、抵御猛兽侵袭以及采集树上的果实；而原始的刀，主要是石刀和骨刀，首先是劳动工具，然后才是狩猎以及自卫的武器，一直到专门的石镰和蚌镰产生以前，这些石刀和骨刀一直承担着劳动工具的角色。这样的早期兵器还有很多，正是在这个意义上，笔者认为有必要对中国古代兵器重新进行一次梳理，追溯其历史，让大家不仅可以知其然，更可以知其所以然。

关于中国古代的冷兵器，从俗话讲的“十八般兵器”也可看出其种类是很多的，而笔者之所以仅仅选取出棍、斧钺、枪、刀、戈、剑、弓来论述，是因为这些兵器元素经过历史的变迁，已经沉淀成为中国传统文化的一部分。就拿最原始的武器——棍来说，在汉代的时候，就曾出现过一种“礼棍”，棍体的材质为铜，两头镀金，被称之为“金吾”。在皇帝召见群臣的时候，御史大夫和司隶校尉便会手持金吾，守护在皇帝的左右，之后守护京都的军事官员被称之为“执金吾”，意思是执掌金吾。不过在王莽称帝以后，推行了全方位的新政，这一时期，执金吾的叫法被废除，而代之为“奋武”，一直到东汉建立后，又叫回了执金吾。在汉代的时候，执金吾不仅守护皇帝还有外派的任务，可以带兵远征。如西汉昭帝时，执金吾不仅守护皇帝马适建还曾受命率军讨伐羌人，而东汉和帝之时，执金吾耿秉还被任命为副帅北伐匈奴。不过到东汉末年以后，执金吾的军事权力逐渐被弱化，成为一种代表国家形象的外交礼仪性质的官员。到元代和明代之时，金吾已经正式成为天子仪仗队的重要组成部分。

如斧钺，它在古代的战争中发挥了巨大的作用，不过斧钺不仅仅是作为兵器而存在的，它在血雨腥风的杀伐中，还被赋予了更加深刻的含义。石斧钺曾经是黄帝所在部落的标志，象征着黄帝部落联盟的神圣权威。在殷墟中所出土的甲骨文中，“王”字的写法就如同一个带着手柄的巨型斧钺，这在一定意义上表示斧钺已经成为王权的代表。另外据史料记载，古代的部落首领在参加聚会或者祭祀之时，都会随身携带斧钺，有专家推测，这种行为说明在当时斧钺可能已经成为权力的代表。而说到戈，大家都会想起一句话，那就是“化干戈为玉帛”，可见戈与战争之间有着十分密切的关系。至于剑，很多人会想到尚方宝剑。其实“尚方宝剑”这个说法最初仅用来代指皇帝至高无上的权力，但在现实中并没有这么一把剑。直到明代的时候，因为监察御史要去全国各地监察官员的为官情况，所以需要皇帝授予一定的信物，以证明是代表朝廷来执行任务，以示“如朕亲临”之意，监察御史如果遇紧急事可以先斩后奏。有杀伐决断权力的尚方宝剑出现之时，已经具备兵器和礼器合一的功能，一方面，它可以当作兵器来斩杀不法官吏，另外一方面，它又是至高无上的皇权象征。至于弓箭，由于早在商周之际，“射”与“礼”就密切地结合了起来，所以最终变成了一种规范的礼仪——射礼。

本书有别于其他介绍中国古代兵器的书的最大特点，就是可以从兵器元素的物质文明着手，导入相关的历史与文化内涵，让更多的人可以了解古代兵器与传统文化之间的密切关系，进而起到文化解码的作用。

当然，由于水平有限，书中错误之处在所难免，敬请读者指正。

第一章　棍

一、最原始的武器

在中国古代兵器的大家庭里，棍出现的时间很早，随着时代的变迁，棍的名称也各有不同，有称呼它为“殳”的，也有称呼它为“杵”“棓”“梃”“金吾”“杖”等。随着名字的变化，它的制作方式和用途也有所不同。不过值得注意的一点就是，在棍的历史发展演变中，棍和棒常常是混用的，一般情况，南方地区更多地喜欢称呼其为“棍”，而北方地区则喜欢称呼其为“棒”，当然这个界定也并不是绝对的，因为中国人自古以来的居住模式就是“大杂居、小聚居”，所以南北差异虽然存在，但是这种差异一直在不断缩小。基于此，棍棒混用就不足为奇了，并由此还演化出“棍棒”一词，其实还是指的棍子。

追溯棍的发展历程，它几乎是随着人类一同出现的。不过它并非一开始就作为兵器而出现。起初，原始先民们使用棍，主要是用来捕获猎物、抵御猛兽侵袭以及采集树上的果实，可见，棍在这一时期的作用主要表现在狩猎和采集上。随着原始社会的发展，部落之间的战争时有发生，在这个过程中，棍就被作为武器，运用到了部落战争中。这时的棍制作起来也非常简单，即挑选一根比较直的树枝，然后去掉上面的枝叶，棍就制作完毕。

到了商周之时，棍已经作为标准的制式兵器装备于当时的军队中，并被列为“五兵”之一。当时“五兵”又有车兵“五兵”和步兵“五兵”之分。其中车兵“五兵”为戈、殳、戟、夷矛、酋矛这五种兵器，步兵“五

周口店北京人遗址中的原始人狩猎复原图

兵”则为弓矢、殳、矛、戈、戟。在这两类武器中“殳”的作用是十分巨大的，不论在车战还是步战中，殳都是必备的武器之一。其实，这里的“殳”，就是后来人们所称的棍或者棒。

据《尚书》记载，周武王在讨伐商纣时在河南牧野两军进行了一场惨烈的战斗，以至于《尚书》中用“血流漂杵”来形容这场战争的惨烈程度，其实，这里的“杵”也和殳一样，都是指棍棒。另外，《诗经·卫风·伯兮》的作者就以一个妻子的口吻描述了丈夫执殳作为君王前锋，为君王冲锋陷阵，而自己在家苦苦盼望丈夫归来的情景。这些文本都还原了殳在当时战争中的重要作用。不过，与原始的棍棒相比，二者已经发生了很大的变化。棍的前段装有金属制作的殳首，有的下端甚至还会有圆锥形的金属套，这叫作镈。据《考工记》

春秋青铜殳

记载，殳是一种作为击打的兵器，不过随着战争模式的转变以及防御装备的不断发展，殳在战争中的作用越来越小，到了汉代以后，殳已经被淘汰出战场。

到了两汉的时候，出现了一种短棍，长度在50厘米左右，方便随身携带，可以迅速地拿出来迎敌，被用作近身防御武器，这被称为“小棓”。不过这种武器更多地为有身份和地位的人所随身携带，因此上面装饰有复杂的纹饰。

在三国时期，棍被称之为“白棓”，被当时的军队大量使用，据史料记载，魏国和吴国的军队都装备有白棓。吴国征伐丹阳的时候，曾派遣5000士兵围剿当地的山贼，当时士兵们所拿的武器，便是白棓。而魏国的大将钟会在带领军队平定了西蜀后，企图叛乱谋反，当时他命令数千名亲兵埋伏起来，试图消灭前来会面的重要官员，那几千员亲兵，手里拿的武器也是白棓。不过由于阴谋败露，叛乱最终以失败而告终。

到了宋代，由于开国皇帝赵匡胤善于用棍，施耐庵在《水浒传》中盛赞他“一条杆棒等身齐，打四百座军州都姓赵”，足见他棍棒功夫的厉害程度。相传现在的双节棍就是宋太祖赵匡胤始创的，只不过以前不叫双节棍，而是叫盘龙棍，造型也和现在的有所差别，不是两段长短一样，而是分为一短一长的两截，这样是为便于击打敌军战马的马腿部位，使其丧失机动能力。另外在宋代，棍棒因跟其他武器结合了起来，产生了很多新式的棍棒，林林总总有七八种之多。如铁链夹棒，便是一种装备于骑兵的打击兵器，主要由两部分组成，一部分是击打用的四棱形铁棒，另外一部分是握在手上的长木棒，二者用铁链连在一起；柯藜棒一般采用坚硬的木材制作，握手的那端比较细，用于击打的部分比较粗，同时还在外面裹着一层铁片；杆棒和白棒都是粗细均匀的木棒，不过白棒要比杆棒更加细长；钩棒则是在木棒上安装了一个锋头钩刃，钩刃在锋头的一侧，为双倒钩，该兵器既能刺杀，又能钩杀以及用于击打；抓子棒是在木棒的前端安上一个带有三个倒钩的武器，和戈有点相似；杵棒则粗中有细，中间细部分为木棍，两端安有铜铁等制作成的沉重的棒头，为增加杀伤力，棒头上还安有锋利的倒刺，在重型的装甲骑兵盛行的年代里，杵棒因为能对骑兵造成巨大的杀伤力而被大量推广；宋代最著名的棍棒类武器是狼牙棒，因其前端装有狼牙状的铁钉而得名，后端有铁质的钻尖，可以保护棒尾，防止破裂，也可以用来击打敌人，是直到现在还为人所熟知的武器。总的来说，这些棍棒经过改良后，其在战场上的杀伤力得到了很大的提高。

到了元代，由于少数民族入主中原，使得棍棒在之前的基础上又有了新的变化，如出现了骨朵这种棒类武器，即在木棒的一端安上一把铜质的大锤，还有殳棒，即在长棒的一端装有矛状的尖头武器。其他的棒类武器虽有变化，但变化都不是太大，这里不再一一介绍。

明代的时候，棍棒被社会各界人士所追捧，不论是在军队还是在民间，都拥有大量的使用者。在这一时期被广泛使用的棍棒是白木棍，又被称为少林棍，这是棍棒类兵器经过漫长的演变后又向着最初的样式回归，一方面因为棍作为兵器，其杀伤半径比较大，而如果换作冷兵器中的枪的话，只能打击一个点，因此有“棍打一片，枪击一点”的说法，这

盘龙棍

骨朵

是棍被保留下来的一个原因。此外，还有一种被称为大棒的兵器，前端装有锋利的鸭嘴形的利刃，极具杀伤力。

直到今天，棍棒仍在传用，不过它早已经演变成各种强身健体的武术套路工具，既能增强人们的体魄，又具有极强的审美功能。

二、棍与文学作品

在中国古代兵器发展的过程中，人们对各类兵器的喜爱和重视程度是不一样的，尤其对于文人来说，更是如此。当然，这和兵器在当时社会的普及程度也有很大关系。如在明代的时候，棍就深受社会各个阶层的喜爱，不论是从军的士兵还是带兵的将军，以及民间的百姓，都好习练棍术。也正是因为这个原因，所以这一时期的文字作品中，棍是出现最多的一种兵器，如在作为中国四大名著的《水浒传》和《西游记》中，棍这种兵器在文中都占了很大的分量。

在《水浒传》中，有两位80万禁军的教头，棍棒功夫都十分厉害，二人主要教习士兵的器械使用。其中一人叫王进，因被奸臣高俅所陷害，无奈之下只能带着母亲背井离乡，到处逃亡。一天路过史家村，于是进村求宿，恰好看到庄主之子史进正在院内练习棍法，因看到其不对的地方就顺口说了一句，顿时惹得史进恼羞成怒，挥舞着棍子要跟王进切磋。王进在无奈之下只能提棍迎战。史进一阵猛攻，王进只是举棍避让，步步后退，而史进依旧紧追不舍，眼看就要追赶过来，此时王进突然转身，举棒猛砸过去，其势如泰山压顶，史进见到此，慌忙举棍迎上，但这时王进却并没有把棍子砸下去，而是随手一掣，将棍子戳向史进的心窝，再一绞，史进的棍子便应声而脱，人也跌倒在地上。之后史进明白了自己技不如人，于是便拜在了王进的门下，学得了一身好武艺。

另外一位更是耳熟能详，那便是号称“豹子头”的林冲。他被高俅诬陷带刀私闯白虎节堂，最后被刺字发配沧州，途中在经过“小旋风”柴进的庄子时，被洪教头冷嘲热讽，而柴进也想让林冲和洪教头二人比试一番，想借林冲之手来杀杀洪教头的傲气，最终

王 进

他这个想法得以实现。林冲和洪教头在月色下进行了一番比试，几个回合过后，脱了木枷的林冲，犹如出笼的猛虎，威猛无比，而洪教头又求胜心切，一时间乱了阵脚，被林冲抓住机会，一棍打倒在地。由此也可看出林冲非凡的武艺，即使在高手如云的水泊梁山中，林冲也被列为五虎将之一。

林 冲

以上两个人物只是《水浒传》中众多的用棍人物的代表人物，其实还有很多，此处不一一赘述。作者通过对众多用棍人物的描写，以及自己内心深处疾恶如仇的心理状态突显了正义的力量，而这也是当时社会生活的一个反映，凸显了民众对正义的渴望和对欺压民众的权贵们的厌恶。

在明代的另外一部经典小说《西游记》中，同样显示了棍作为兵器的巨大作用。这部小说中的妖魔鬼

“如意金箍棒”

怪，大多是死在孙悟空所持的“如意金箍棒”下。

其实，孙悟空所持的兵器“如意金箍棒”，便属于我们所讲的棍棒类兵器，只是作者把这个兵器无限地神化，使其具有了毁天灭地的强大能力。在西游记中，金箍棒作为孙悟空的武器，贯穿于《西游记》始终。在《西游记》中，金箍棒原本并不是作为武器而存在的，而是一块由太上老君所冶炼出来的神铁，之后大禹治水的时候，大禹将其用作定江海深浅的定子，随后便留在了东海成了“定海神针”，因其重达 13500 斤，无人可以撼动。孙悟空大闹东海龙宫找龙王索要兵器，龙王实在应付不了胡搅蛮缠的孙悟空，便带着孙悟空来看这根定海神针，想让孙悟空知难而退，然而神奇的一幕出现了，谁也无法撼动的定海神针竟可以随着孙悟空的心意而发生变化，可大可小。最小时如同绣花针一般，所以平时不用的时候孙悟空就把它放在自己的耳朵里，需要用的时候再取出来，按自己的心意立刻就变成一根长棍，也正因为此，孙悟空所用的金箍棒才会被称之为“如意金箍棒”。孙悟空正是利用手中的如意金箍棒打败了无数的妖魔鬼怪，最终护得其师傅唐僧取得真经。而作者吴承恩也正是借用如意金箍棒的强大能力和孙悟空的强大本领，生动表达了人们对于自由的渴望和对于专制社会的不满，寓意十分深刻。

三、棍与文化

在棍的发展演变中，并不是都被当作兵器，前面所介绍到的金吾便是如此。

其实说到金吾，还有着一句千古流传的名言，即“仕宦当作执金吾，娶妻当得阴丽华”。这句话出自《后汉书》，为汉世祖光武皇帝刘秀所说。不过这句话经常被人所误读，以为刘秀起初是想当执金吾这样的官，其实不然。真正的原因是：当时刘秀初到长安，看到了执金吾的车马声势浩大，于是才有了这样的感慨。但这句感慨，并不是羡慕执金吾的官员，而是表明了自己内心深处对于权力的渴望和追求。他作为汉高祖刘邦的九世之孙，身上流淌的是皇室的血脉，光复自己家族的荣耀也在情理之中。终于，刘秀凭借自己远大的政治抱负和过人的才智在公元25年当上了皇帝，并实现了自己的政治理想，史称“光武中兴”。

由此可见，金吾在这里是权力的象征。

另外有一种棍子，名为水火棍。这种棍子，一般

明孝陵的执金吾

为古时衙门里的差役所持。上部为圆形，下部为扁形，同时上下部分颜色也不一样，上面为黑色，下面为红色。按照中国传统的解释，红色属于火，而黑色属于水，因此就有了水火棍这样的名字。另外还有一种解释是说水火棍之所以取此名，是取“水火不容，表示衙门不用私情”的意思。同时，水火在元代的时候，还直接被用来代指囚犯。因为在古代，水火普遍有一个意思，即指大小便，于是在古代被关押的囚犯上厕所就被称为“放水火”。至元代时，“放水火”直接有了释放囚犯的意思，这就把水火和囚犯直接联系了起来。从实际的功用上来讲，水火棍主要是作为刑罚之用，也有“杀威”的意思。在古代的时候，当犯人被发配充军，来到发配地之后，当地接收的官员都会找借口先打犯人十到二十棍子，这也被称之为“杀威棒”，对于顽劣的犯人，也经常会被差役用水火棍重罚。

可见，水火棍已经不单单是具有刑罚作用的棍子，而是成为刑罚工具和权威的象征，从这个意义上来讲，它也兼具了礼法的功效。

水火棍

其实，棍自从出现之初，就是朝着两个不同的方向演变的，其一成了兵器，其二则成了一种文化符号——杖。在最初的阶段，棍和杖之间并没有太多的区别的。如“杖”的本字“丈”的篆文“𠀋”，其实就一个人用手抓着棍子。“ㄋ”即“又”，象形，本意为“抓，持，持有”。而“十”则为“杵”的变形。最后“丈”没有了“用手拄棍”的意思之后，才加上“木”字旁变成了“杖”。也正是从这个意义上来讲，杖在很多时候也被人称之为“棍”或者“棒”。从用途上看，在原始社会的时候，棍和杖其实也是没有什么区别的，只是看用于何处而已。如果用于进攻和防御，那么它就是武器；如果用来跋山涉水，那它就是杖；如果用于打猎或捕鱼，那它还是劳动工具，并没有专门的分类。综上所述，我们姑且把杖称之为异化了的棍。

杖在很早的时候就从棍中演化了出来，形成了自己独特的杖文化内涵，同时这种杖文化又和尊老制度紧密地联系了起来，并出现了赐杖制度，从而更加丰富了杖的文化内涵。

杖在古代的时候又被称之为“扶老”，顾名思义，就是老人借助杖来扶持。很多诗句中常出现“扶老”的字样。如陶渊明在《归去来兮辞》中有：“策扶老以流憩，时矫首而遐观”，宇文虚中的《和高子文秋兴》

中有："散步双扶老，栖身一养和"，由此也可以看出杖和老人之间密切的关系。其实，在古代，老人的地位是很高的，并且在很早之时就有了和尊老、养老有关的礼制，这一点在《礼记·王制》中就有详细的记载，即"凡养老：有虞氏以燕礼，夏后氏以飨礼，殷人以食礼。周人修而兼用之。五十养于乡，六十养于国，七十养于学，达于诸侯。"以上这段话主要介绍了招待老人的宴会和礼仪，有虞氏用的是燕礼，夏后氏用的是飨礼，殷人用的是食礼，而周人遵循古制，以上三礼都有用到，并且对于老人参加相应宴会的具体年龄也讲了出来。如 50 岁的老人可以参加在乡学中举行的敬老宴会，而 60 岁的老人就可以参加在王宫小学中举行的宴会，到了 70 岁的时候，便可以参加在大学举行的宴会。可见古代老人的地位和人们对老人的尊敬程度。这种对于老人的尊重和杖之间有着紧密的联系。《礼记·王制》记载到："五十杖于家，六十杖于乡，七十杖于国，八十杖于朝；九十者，天子欲有问焉，则就其室，以珍从。"大概意思就是说：在大夫 50 岁的时候君主就允许其在自己家族的范围内拄杖，60 岁以后就可以在乡里拄杖，70 岁以后就可以在全国范围内拄杖，80 岁以后上朝议事的时候也可以拄杖，而到了 90 岁，如果天子有事要询问的话，就会直接派人去老人的家里请教，并且还必须带上美味的食物。从上面的文字我们可以看到，在古代，杖已经和敬老之礼紧密地联系了起来。另外值得注意的一点是，上面提到的“乡”的划分方式，和现在社会中“乡”的划分有所区别。根据周代的制度：五家为邻，五百家为党，五党为州，五州为乡。于是乡的范围即包括12500家的范围，而我们现在经常说的“乡党”，也正是由此演化而来。同时，因为杖和人的岁数之间建立起了紧密的关系，于是在以后的日子里经常会用“杖家”“杖乡”“杖国”“杖朝”来指代岁数，如“杖家”就成了50岁的代名词，以此类推，“杖乡”即60岁，“杖国”即70岁，而“杖朝”即80岁。如南北朝时期的庾信的《园庭诗》中就有这么一句：“杖乡从物外，养学事闲郊”。

在中国古代，杖在很早的时候就和制度联系起来，出现了赐杖制度。赐杖制度，最初的时候即在朝为官的人年纪大了，基于对长者的尊重和礼法的要求，君主会赐予他杖。如《礼记·月令》中就有记载：“是月也，养衰老，授几杖，行糜粥饮食。”在这一时期，赐杖还是基于礼仪的考虑，但是到了汉代，赐杖却已经成为国家明令规定的制度，并且杖上还加了一个鸠鸟的造型，因此也被称之为鸠杖。至于为什么用鸠杖，这里有个典故。《太平御览》卷九二一引汉应劭《风俗通》上讲："俗说高祖与项羽战，败于京索，遁藂薄中，羽追求之，时鸠正鸣其上，追者以鸟在，无人，遂得脱。后及即位，异此鸟，故作鸠杖以赐老者。"刘邦和项羽，都是秦朝末年起义军的领袖，二人为了争夺天下发生了数次战斗。在两人的一次战斗中，因为刘邦的军队在京索被项羽的军队打败，随后刘邦被项羽追得到处乱跑，最后藏于一片灌木丛中，项羽追来后本打算搜查这片灌木丛，但突然听到灌木丛附近的一群鸠鸟在叽叽喳喳地叫，项羽想如果这里真藏有人早就会把鸟惊走了，看来刘邦不在这里，于是就带着兵马去了别的地方，最终刘邦逃过了这次危险，并在后来取得了政权。因此，刘邦非常感谢当时鸠鸟的救命之恩，就做鸠杖以用来赐给受人尊敬的长者。另外，鸠鸟还有其他的深意，据文献记载，鸠鸟在吃东西的时候，都是一口就把要吃的东西吞咽下去，但从来却不噎到，正因为这一点，所以人们认为鸠鸟的消化系统非常强大，因此赐给老人以鸠杖，也寄托了希望老人身体健康、福寿绵长等这样的美好愿望。另外因为是皇帝赐予的杖，因此它又被称之为王杖。《后汉书》中有写道："王杖，长九尺，端以鸠鸟为饰"，这说明王杖是很长的，在汉朝的时候，其一尺相当于现在的23厘米，因此，鸠杖的长度大约在2米。其实鸠杖早就存在，只是最初，它是氏族图腾的象征，因此杖在氏族社会不是为了尊老，而是作为权杖出现的，如在青海湟源卡约文化遗存中就发现过青铜杖。随着社会的演变，杖作为权杖的功能被不断削弱，最终演变成为帮助老人行走的工具，而到了汉代，因为赐杖制度被提升为王杖制度，因此这时候的鸠杖又重新拥有了一定的权力，据当时的史料记载，被授予王杖的老人享有以下特权：第一，享受一定的官员礼遇。第二，可以拥有行走弛道（皇帝的专用车道）的特权；第三，免除赋役，并给予一定的经济帮助。第四，任何侮辱王杖主人的行为都会被视为大逆不道，会受到严厉处罚。

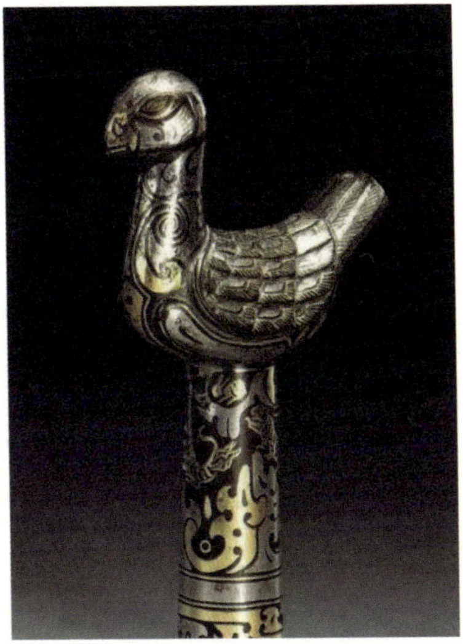

西汉 错金银鸠杖首

赐杖制度自汉代普遍存在以

来，在以后的历朝历代都有延续，如《新唐书·玄宗纪》就有记载：“丁酉，宴京师侍老于含元殿庭，赐九十以上几、杖，八十以上鸠杖。”清代昭梿的《啸亭续录·千叟宴》中也有记载：“乾隆乙巳，纯皇帝以五十年开千叟宴于乾清宫，预宴者凡三千九百余人，各赐鸠杖。”但是受到各朝政治以及经济等因素的影响，赐杖制度在实际的执行过程中已经逐渐被弱化，如东汉安帝诏书云：“月令‘仲秋养衰老，授几杖，行糜粥’。方今案比之时，郡县多不奉行。”

杖不但有尊老之意，还是一种体罚工具以及刑罚工具。体罚主要是长辈对晚辈、老师对学生，而刑罚则针对的是违反律法之人。

中国民间有句俗语：“棍棒底下出孝子。”因此不论是古代还是现代，作为子女，挨打是很常有的事情。如《孔子家语》中就记载了“曾子受杖”的事情。曾子是孔子的弟子之一，一天曾子和父亲一起在地里劳动，因他不小心弄断了一根瓜苗而惹怒父亲，被父亲举杖猛打，而曾子自知有错在先，导致父亲生气，所以没有躲避，最后实在因为身体承受不住而昏倒了过去，过了很久才慢慢醒来。而他在醒来后又马上去见了父亲，以表明自己身体没事，不愿意让父亲担心，随后还退回房间弹琴唱歌，让父亲进一步确定自己身

体没事。大家听到这件事情都很敬佩曾子，认为他很孝顺，但是孔子知道了这件事情后反而很不高兴，且不让曾子进他的门以示

曾子受杖

惩罚。于是曾子就让其他同门去向孔子请教。孔子向来请教的弟子讲了这么一件事：从前有个叫瞽瞍的人，他有一个孩子叫舜。舜十分孝顺，每当瞽瞍需要舜时，舜都能及时地侍奉在侧，但是当瞽瞍要杀他的时候，却一次也没能看到过他。因此，对于小惩戒，能受就受了，但是如果是大的危险，则应该及时避开。这样的话，瞽瞍就不会犯下为父不仁的罪过，而舜既保全了父亲的名声，又尽了自己的本分。而现在曾子死不回避，如果真被父亲打死，那他就是最大的不孝，他的父亲如果杀了人，那又是何等大的罪过啊！曾子听到这些话后，知道自己犯了错，于是就很诚恳地向老师承认了错误并拜谢。

至于杖刑，主要指用荆条或竹板抽打犯人。杖刑其实也是从体罚工具演变而来，在战国之后就成为一种刑罚，在隋唐以后被列为五刑之一，随后一直延续

到清朝末年。

总的来说，棍在异化以后，不论是作为王权的象

杖 刑

征、尊老的象征，还是作为体罚或者刑罚的工具，其意义一直在不断扩大，彰显了其丰富的文化内涵。

小结

本章讲述了最原始的武器棍，追溯了棍的发展历程，让读者了解到最初原始先民们使用棍，主要是用来捕获猎物、抵御猛兽侵袭以及采集树上的果实，因此棍最初的作用主要表现在狩猎和采集上。随着原始社会的发展，部落之间的战争时有发生，在这个过程中，棍就逐渐被作为武器，运用到了部落战争中，随后棍作为武器的功用被各个时代不断发挥出来，直至今日依旧存在。同时，因为棍存在的时间久，且容易制作，所以在文学作品中棍也经常出现，如中国“四大名著”中都有棍的身影。棍在其发展过程中也和文化产生了紧密的联系，如汉代就曾出现过一种“礼棍”被称之为金吾，已经逐步发展演变为权力的象征。另外古时衙门里的差役所持的水火棍，它本身也不再单单是棍子，而成为刑罚和权威的象征，兼具礼法的功效。

第二章　斧钺

一、斧钺溯源

“斧”与“钺”一般被人们连用，这是有一定道理的。虽然斧钺在初始阶段是分开的，先有斧后有钺，但事实上它们属于同一类兵器，都源于原始社会的石斧，至于功能，主要用于劈砍，因此常常会“斧钺”连称。如果非要把二者区分开来，也很容易，如《说文解字》上就说得很明白，小一点儿的就叫作“斧”，大一点儿的就叫作“钺”。从造型来讲，斧一般外形窄长，无肩，而钺外形一般较为宽大，有肩。另外如果从存在的时间来讲，斧出现的时间要比钺早很多。这里要强调一点，虽然从现在的考古实物看我们试着将斧钺区别开来，但是在很多时候二者是互通的，根本没办法区别谁是斧谁是钺，正因为这个原因，所以在通常情况下我们将斧钺当作一个整体对象去讨论。

斧钺和人类有着密切的关系，如果要从最初的历史追溯，只能从神话传说中去探寻那个时代的记忆碎片。其实在人类社会的开端就和斧钺联系在了一起。

盘古开天辟地之时，所使用的工具正是斧钺。当然，对于现代人来说，神话传说并不能让人信服，然而在远古社会，人类最初阶段是没有文字的，所有重要的事情大都是口口相传，因此就有了最早的“传说”。可见，即使是传说，也是有其值得探究的地方。因此，我们从盘古开天辟地的传说中，至少可以看到，斧钺出现的时间是比较早的。这一时期还有许多关于蚩尤部落的传说，可能因为在传说中蚩尤部落是最先发明及使用金属兵器的，因此在古代的神话传说中蚩尤便被刻画成了一个拥有“铜头铁额，刀枪不入”的战神级别的人物，而在中国诸多的古典故事中也都有记载蚩尤造兵器的故事。另外还有刑天的神话传说，据说刑天和黄帝大战的时候，手中所使用的武器被人称之为“干戚”，而“干”就是盾牌，“戚”就是斧子。魏晋时期的大诗人陶渊明曾在《读山海经·其十》中写下“刑天舞干戚,猛志固常在”这样脍炙人口的诗句，称赞刑天身虽死而心无悔的大无畏精神，隐含了对自己所处时代政治黑暗的不满。

从现在的考古发现来看，大约在旧石器时代，石质斧子就已经出现，不过在那个时候，石斧主要被当作生产工具来使用，如砍伐树木、种植等，当然也被用来狩猎。而钺出现时已经到了新石器时代，并且考

盘古开天

古工作者通过对石钺进行研究，发现它的造型已经不适合用来砍伐树木，因此猜测钺很可能从一开始就以兵器的身份出现。同时，在新石器时期所发现的工具中，石斧钺所占的比重很大，由此我们可以推断在新石器时代，随着人类的不断进化以及制造工具水平的不断提高，石斧钺已经成为当时人们生活所必不可少的工具。

从新石器时代到夏代，斧钺已经被当作兵器装备于军队。距今 4000 多年前，当时有一个被称作“夏”的部落，它的部落首领是禹，也就是我们今天所说的大禹，由于他带领众人治理了洪水，功绩很大，所以被部落联盟的首领舜看重，并最终把自己的首领之位禅让给禹。大禹死后，他的首领位置被自己的儿子启继承，这就使得部落联盟之间的禅让制度随之被世袭制代替，由此夏王朝最终建立了起来。夏王朝的最后一个皇帝桀，是中国历史上第一个以残暴著称的君王，他在位期间荒淫无度，毫无正义可言，而且建造了无数宫廷阁楼，劳民伤财，还经常大肆兴兵征伐。桀诸多的暴行使得黄河下游的商部落在汤的带领下举起斧钺开始反抗桀的暴政，最终夏王朝覆灭，商王朝建立。这段历史也被司马迁如实地记载在《史记·殷本纪》中。由此我们也可以看到斧钺在当时战争中的巨大作用。

到了商周时期，斧钺种类越来越多，由于当时青铜被广泛使用，所以斧钺的材质以青铜为主。依据《周礼·考工记》记载，当时青铜的铜锡比例已经被确定下来，即使在今天科技高度发达的情况下反观这个铜锡比例，其比例也在青铜合金强度最高的配比范围之内。

到了春秋战国时期，群雄争霸，战事频发，随着战争形态的不断变化，各种新式的兵器被运用到战争中，于是斧钺作为兵器在战争中的作用开始有所下降。

从汉代开始，历经魏晋南北朝直至宋代，这一段时期，斧钺的材质发生了很大的变化，以前的青铜逐渐被铁取代，因此，这一时期的军队常配备有铁质的斧钺。另外斧钺在三国的时期形制有了进一步的改进，

商代 亚丑钺

这大大增强了斧钺的杀伤力，因此这一时期的斧钺受到了极大的关注，被作为重要兵器运用在战争中。如三国时期家喻户晓的著名人物诸葛亮，就曾亲自记录了这样一件事情：公元 229 年，诸葛亮带兵进行第三次北伐，一次军事行动中命令士兵用战斧去破坏敌人的防御阵地，却导致上千把斧子损耗殆尽。事后查明，发现并不是因为敌人防御阵地异常牢固，而是因为蜀军所用的斧钺都是次品。针对这件事情，诸葛亮亲自写了一篇文章，名为《作斧教》，文中严厉批评了这批斧子的质量问题。诸葛亮还亲自设计了一批新斧钺，并监督制造过程，之后新制造的这批斧钺连用了一百多天也没有任何损坏。从这件事情上，我们也可以看出三国时期，斧钺作为兵器在战争中的重要作用。到了隋唐，因为大多承袭汉代军制，所以斧钺仍然是军队中的必要装备之一。宋代时期，斧钺的种类更多，功能也被进一步细化，被分为断杀用的、攻城用的和守城用的等几个类别。

然而到了元明清的时候，斧钺作为兵器的作用已经大不如前，这是因为在这一时期各种新型兵器层出不穷，再加上火器的使用，使得仅适用于近距离作战且略显笨拙的斧钺越来越不被重视。不过基于斧钺本身所具有的巨大破坏力，所以它在兵器中始终还是占有一席之地的。

二、由器物到象征

斧钺在古代的战争中发挥了巨大的作用，不过斧钺不仅仅是作为兵器而存在的。在血雨腥风的杀伐中，它还被人们赋予了更加深刻的含义。

斧钺的文化内涵并不是从一开始就具有的，而是随着时间的推移才慢慢地丰富起来的。通过考古我们发现，自新石器时代中期以后，斧钺随葬的现象十分普遍，不论是黄河流域还是长江流域都有大量发现。如黄河中游地区的裴李岗文化，便是新时代中期的墓葬代表，在这些墓葬中，考古人员发现了许多随葬品，其中在有些墓葬中发现有石质的斧钺。并且，还发现在有斧钺的墓葬中，其随葬品的数量明显多于其他墓葬。同时在有斧钺随葬的墓葬中，墓主人的性别有男有女，甚至有些女性的墓葬随葬品相对男性还要更加丰富。

到了新石器时代晚期，仅以仰韶文化时期的墓葬来看，随着时间的不断推移，出现了一个十分明显的现象，即随葬斧钺的墓葬虽然越来越少，但是随葬的斧钺却越来越精致，还出现了玉质的斧钺。玉斧钺相对于之前的石质斧钺，质地更加坚硬，斧刃也更加锋利；从外观来看，玉质斧钺的色泽更加美观，因此相对于石质斧钺，更加受当时人们的喜欢，但由于材质的限制，玉质斧钺极为稀少，因此玉质斧钺经常为氏族部落的首领所使用，这样渐渐地，玉斧钺就成为权力和身份的象征，这一点，考古人员在良渚文化的墓葬考古中，进一步证明了之前的判断。

在浙江余姚的良渚文化墓葬中，出土了一批精美

良渚文化玉斧钺

的玉质斧钺，这些斧钺上刻有寓意神秘的纹饰，除了斧钺的木质手柄已经腐化不见以外，其他部位都保存完好。另外从考古发掘现场来看，尽管玉斧钺的木质手柄已经消失不见，但是从考古现场所看到的一些遗留痕迹还是能判断出当时的木质手柄的位置刚好在墓主人手持的部位，可见玉质的斧钺对于墓主人的重要程度。另外，还有一件青玉斧钺也十分引人注目，它的两刃上角有一块浮雕，刻画的是一个头戴羽毛饰物的人，下角也有一块浮雕，刻画的是一只鸟。在这一墓穴的不远处，考古人员还发现了一个祭坛，在这个祭坛下方的墓葬中，也发现了类似纹饰的玉质斧钺，由此可以推测出这些斧钺的使用者可能是一些专门从事祭祀的巫师。为什么呢？对于生活在远古时期的人们来说，大自然是未知和神秘的，面对这样的情况，他们内心非常渴望一个可以主宰自然界各种力量的“神”的存在，而巫师由于具备一定的知识和技能则成为神在人间的代言人。因此在原始社会，在很多的部落中，其实巫师和部落首领就是一个人。作为部落首领，他们正是因为借助了当时人们普遍的对于神的信仰，用神的力量来加强了自己的统治。而在巫师“通神”的过程中，玉质的斧钺则起到了有效的媒介作用，久而久之，斧钺也就成为部落首领权力的象征。

通过对斧钺随葬现象的考察，我们发现，在原始社会初期，也就是旧石器时代，斧钺随葬的对象是没有性别区分的。因此这一时期男性和女性的墓葬中都有斧钺存在，可见斧钺随葬现象十分普遍。但到了新石器时代，斧钺随葬现象已经不再普遍，斧钺随葬更多地出现在大中型的墓葬中，而小型的墓葬中已经难以寻找到斧钺的踪迹。到了新石器时代后期，斧钺与祭祀仪式又紧密地结合了起来，种种迹象表明斧钺和氏族权力之间已经开始有了某种必然的联系。

以上推断，在其他地方的考古发现中也得到了很好的证明。1978 年在河南临汝的一个村庄发掘出土了一个神秘的彩陶缸，彩陶缸上面绘有一只衔着鱼的鹳和一把石质的斧钺。根据相关考古专家的研究，这是一件新石器时代遗留下来的器物，而上面的鹳和鱼都是氏族图腾，鹳是彩陶缸主人所在氏族的图腾，而鱼则是与他们处于敌对关系的另一个氏族的图腾，至于斧钺，则象征着彩陶缸主人至高无上的权力。当然，还有的专家认为这个彩陶缸其实是用来装殓墓主人的，彩陶缸上的图记录了“鹳氏族”战胜“鱼氏族”的历史，而彩陶缸上所画的斧钺同样被认为是墓主人权力和地位的象征。另外还有专家指出，这个彩陶缸记录了黄帝和炎帝当时决战的一次局部战役的相关情

新石器时代 鹳鱼石斧图彩陶缸

况，而那个大石斧钺则是黄帝所在部落的标志，象征着黄帝部落联盟的神圣不可侵犯性。

有关斧钺的象征意义通过甲骨文也能得到一些信息。现在在殷墟出土的甲骨文中，“王”字的写法就如同一个带着手柄的巨型斧钺。只不过随着字形的不断演变，现在的“王”字与当初的字形已经相差甚远。不过从金文的“王”字还是能看出一点斧钺的影子。之所以出现这种情况，是因为在古代，人们所使用的大都是冷兵器，战场上士兵所使用的武器，跟军中的级别是息息相关的，使用小斧钺的便被称之为“兵”，而在将帅身边的人，使用大一点儿斧钺的被称为“士”，使用超级大型斧钺的军队统领则被称为“王”。可见，斧钺在一定意义上已经成为权力的象征。另外据史料记载，古代部落首领在参加聚会或者祭祀之时，都会随身携带斧钺，有专家认为，在当时斧钺可能已经成为权力的象征。

斧钺与权力的结合，在一些历史故事中也有所表现。在著名的牧野之战中，周武王便左手持青铜斧钺，右手拿白色战旗，讨檄商纣的种种恶行。最终商纣大败，周武王则用那把代表着王权的斧钺，砍下了纣王的头颅，悬挂在了白旗之上，又斩下了妲己的人头，悬挂在略小一些的白旗之上。在这里，可以看出斧钺一方面代表着王权，另一方面，又代表执行刑罚的权柄。因此历代的帝王如果出巡，其车驾中都有斧钺，以用来宣告自己的地位和威严。

斧钺作为军事指挥权的象征，也有十分久远的历史。在原始社会，部落军事首领的所在区域，都会在显著的位置高高竖起一个斧钺，以表明这里是军事指挥者所处的位置。商代时期，如果将领被授予斧钺，那就相当于取得了帅印，可以直接指挥军队。这一点在考古发现上也可以得到印证。1976 年，在河南安阳市区西北小屯村一带发现了中国商代后期的都城遗址，随着发掘的不断深入，考古学家不但发现了占卜用的甲骨刻辞，还发掘出了宫殿、作坊、陵墓等遗迹。这其中一座陵墓，引起了考古学家的重视，它就是“妇好”墓。该墓中有着众多考古史上的重大发现，其中就有斧钺，既有铜质的也有玉质的。其中有两件特别引人注目，因为外形极为巨大，并且上面有“妇好”字样的铭文，因此被人们称之为“妇好大铜钺”。这两把钺，长 39.5 厘米，刃宽 37.5 厘米，重达 9 千克，钺上饰有双虎扑噬人头纹，现藏于中国社会科学院考古研究所。

妇好，是商王武丁的妻子，在殷商之时，她不但地位尊崇，而且战功卓著，是中国历史上最早且最为著名的女性将领。公元前 12 世纪，战乱频发，因此留存至今的历史痕迹已经十分稀少，但是让考古学家们惊喜的是，这一时期所保存下来的为数不多的历史痕迹中，有很多却都跟一个女人有着密切的关系，那就是妇好。如在安阳殷墟出土的一万多片甲骨里所记

妇好雕像

录的内容中，就提到妇好多达200多次，这些内容大多是商王武丁所做的一些占卜，涉及了妇好一生的各个方面，如有关于妇好征战的情况、生育的情况以及出现疾病的情况，甚至涉及妇好去世后的一些情况。

现在大家所看到的关于妇好的雕像，大多是手持斧钺的形象，其实妇好在历史上确实十分骁勇善战，因为她臂力过人，常以斧钺作为自己的武器，因此她手持斧钺的形象深入人心。不过据记载，在最初的时

商代 妇好大铜钺

候，商王并不知道妇好有领兵打仗的本事，直到有一次商朝北方边境遇到战事，双方战斗处在僵持之中，商王正无计可施之时，妇好主动请缨要求带兵出战。当时，武丁诧异地看着自己美丽的王后，坚决反对妇好的这个想法，因为在武丁看来，虽然妇好武艺不凡，但是行军打仗岂能任性而为。但是妇好一再地坚持，武丁也没有办法，就决定先占卜一下，看看吉凶，然后再定夺，没想到占卜结果为吉兆，于是就答应了妇好的要求，让她带兵出战。战场上妇好不惧危险，手拿斧钺冲锋在前，终于不负重任，取得了那场战争的胜利。随后武丁看到了妇好在领兵打仗方面的过人之处，便任命她为军队统帅，而妇好也没有辜负武丁的重托，先后击败了北土方、南夷国、南巴方，以及鬼方等 20 多个小国，为商王朝开疆拓土立下了不朽战功。

同时，妇好在当时还经常主持各类祭祀活动。也许，妇好墓中的那神秘斧钺，在当时，也象征着某种沟通上天的神秘力量。

总的来说，在那个征伐不断的年代，妇好手中的那两把巨大斧钺，不仅仅是妇好用于杀敌的利器，更是妇好作为军队统帅权威的象征。

斧钺也被认为是正义的化身。如在《六韬》中就记载了周武王所用的斧钺，称它刃宽约 27 厘米，重达 4 千克，号称“天钺”。其实“天钺”在这里有两层意思，一是指周武王所率领的军队乃正义之师，是代替上天来伸张正义的；二是指这个“天钺”本身便是正义的化身，道德的显现。

斧钺在拥有了正义的象征力量之后，还被赋予了一个功能，即被用来当成刑罚工具。

刑罚是伴随着国家出现而产生的，如《汉书·刑法志》中就解释了刑罚产生的原因，即它跟乱政有着密切的关系。夏朝乱政的时期，发明了禹刑，商朝乱政的时期发明了汤刑，而周朝有乱政的时期就发明了九刑。可见刑罚就是为了稳定政局，保护阶级利益，维护阶级统治。而在所有的刑罚中，斧钺之诛又是刑罚之中最为严酷的。

当人们无时无刻面临着被斧钺砍头的危险的时候，那么很明显生活在这个时代的人是非常痛苦的，因此，人们内心中对和谐安宁的渴望也就会更强烈，随着时代的发展，统治者们也已经意识到纯粹的杀戮并不能得到民心，而只有用道德教化民众，才能使得自己的统治更加稳固和长久。商纣王因为经常用斧钺之诛的刑罚，最终自己的脑袋也被人用斧钺砍了下来，而取代商纣王的周武王也正是因为懂得敬德保民，才最终得到了天下，赢得了民心。

三、由实体到符号化

随着时间的推移斧钺的象征意义越来越丰富，逐渐由实体化开始向符号化转移，从而使得其具有了新的表达方式。《礼记·明堂位》开篇就写道："昔者周公朝诸侯于明堂之位，天子负斧依，南乡而立。""负斧依，南乡而立"指的便是周成王的明堂受朝仪式。"斧依"和"斧扆"是一个意思，指的是古代帝王在朝堂所用的一种状如屏风样式的器具，"扆"指古代宫殿内设在门和窗之间的大屏风，因为上面有斧钺的图案，因此被称之为"斧依"，在这里，斧钺已经被符号化为斧钺之纹。

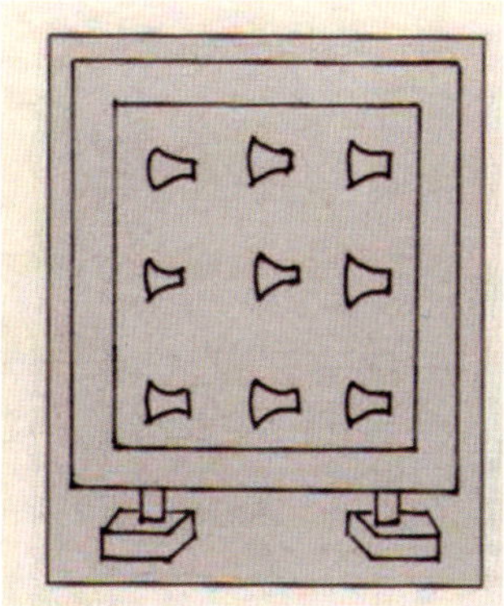

斧依

斧钺之纹在古代既是统治者自身权力的象征，也是统治者是非分明、有决断能力的表现，在当时，斧钺之纹是统治阶级权威的象征。其实，以符号来象征事物在原始社会已经存在，那时的符号图案主要用于表现自己氏族的图腾。图腾在原始社会被认为是部落的守护神，因此先民们会把自己氏族的图腾刻画在器物上或洞穴、岩壁上，从而希望图腾可以随时指引和保护自己的氏族。随着时代的发展，图腾符号的原初意义已经渐渐消失，然而人们却懂得了通过符号来表达自己的思想，而这就涉及符号和象征。

不论是符号本身还是“符号”这个词，它们出现的都很早，早在古希腊的时候，著名哲学家亚里士多德就探讨了符号和象征的关系，在他看来，符号本身就是一种象征，二者属于同义词。当然这是从哲学层面的理解，如果从现在的语言学角度去看，符号和象征之间还是有很大的差别，这里暂且不去讨论。到了近代，德国哲学家卡西尔通过对符号的深入研究，进而开创了自己的文化哲学体系。在他看来，“符号思维和符号活动是人类活动中最富有代表性的特征，并且人类文化的全部发展都依赖于这种条件”。其实，从这个意义上来讲，符号就是人化或者文化，也即符号本身的意义化。

通过对符号的深入了解，我们再次回到那个“负斧依，南乡而立”的时代。因为当时的周成王尚且年幼，所以周武王临终托付周公来辅佐自己的儿子，而周公定下的这个“负斧依，南乡而立”的明堂受朝仪式，便是为了向天下昭示周成王政治统治的合法性。这里所说的“明堂”，最早起源于上古时期的“堂”。中国古代的建筑有“堂”和“室”的区别，“室”是日常起居之地，而“堂”则主要用来举行仪式。在周代之前，主要用堂来祭祀天神，到了周代则逐渐演变成为治理朝政的明堂，明堂在周代是其宫廷礼仪制度的核心表现，而在这种政权核心之地，却出现了斧钺的符号，其象征意义就十分值得推敲。其实，以斧钺代表权力的意义在这里并没有改变，改变的是把真实的斧钺符号化为斧钺之纹，这本身就是一种对于权力的限制，抑或是表示了一种仅需要发挥权力的威慑力、使得其政治统治得以维护即可，而不是要把权力发挥到极致为所欲为的象征。同时，这里的斧钺之纹是没有斧柄的，而这就传达了一种思想，那就是“设而不用”，即在这里，统治权力本身只是作为一种统治权威的象征物，取其象征之意，而去掉了它自身真正的生杀权力。

另外，通过《孔子家语·观周》中的描述，我们对于周代明堂有了一个更加深入的了解：“孔子观乎明堂，睹四门墉有尧舜之容、桀纣之象，而各有善恶之状、兴废之诫焉。”可见在周代的治理朝政的明堂上，是有着周之前各代统治者的画像以及前朝兴亡历史的告诫话语的，而这本身就是一种道德教育，这样一来，象征着王权统治的斧钺就被限制在了德的笼罩之下。

在周代之所以出现这种敬德的情况，是跟周王朝本身的历史有着很大的关系的。我们知道，周取代商，是以小邦取代大国，并且又面临着各种的内忧外患，这就使得周王朝从一开始就有着一种反思的自觉。同时，夏商二代都自认为自己是承天命而立，但是最终却都灭亡了，因此周人意识到了“天命”本身是可以转移和变更的，而要做到这一切，最关键的就是要执政者自身“明德”进而“敬德”。因而周公提出了“敬德保民”的思想，并进一步指出，夏商之所以灭亡，就是因为没有敬德，因此违背了天道，最终天命转移到了周人的身上。所以，在周王朝，德是其维护统治的核心概念，也是周王朝的施政纲领，正是在这个意义上，才有了斧钺之纹的出现。

斧钺之纹不仅在周代被认为是统治权力的象征，在先秦也一直是只有天子才可以使用的一种图案纹饰，虽然在春秋之时，有的大夫也在自己的衣服上绣斧钺之纹，但其实这是一种僭越礼制的行为。因为以斧钺之纹为图案的斧依，在周代仅天子才可使用，其他人是不允许使用的。而到了秦代，斧依的象征寓意被取消，秦人以其实用性将其命名为屏风，这一行为，被后代的很多学者所批判，如清代学者王先谦就曾深入批判了秦代的这一行为，认为这是“秦蔑古法，不合古制，名之屏风，言其用耳”。到了汉代之后，斧钺之纹已不常用，但是斧依仍然是天子所用之物，其他人使用的才被称之为屏风。随后龙纹开始盛行，仅唐代之时有短暂的重用斧钺之纹，随后斧钺之纹就逐渐消失，仅留下了“斧依”二字，彰显着它曾经的辉煌。

小结

本章讲述了斧钺的历史，阐明了斧钺其实源于原始社会的石斧，其主要作用是用于劈砍，因此常常会“斧”“钺”连称。斧钺的历史十分久远，从远古神话盘古开天的故事就能明白斧钺对于人类的意义和影响。而从新石器时代到夏代，斧钺已经被当作兵器装备于军队，到了商周的时候，斧钺已经不仅是作战所使用的兵器，更成了军权和政权的象征。而这个过程，是一个从一般器物到抽象化的过程，同时，也是一个由实体的东西到一个符号化的象征意义的过程。不过斧钺的象征意义在不同时期的意义并不一样，如在周代它被认为是统治权力的象征，而到了唐代之后，其象征意义已经逐步消失。

第三章　枪

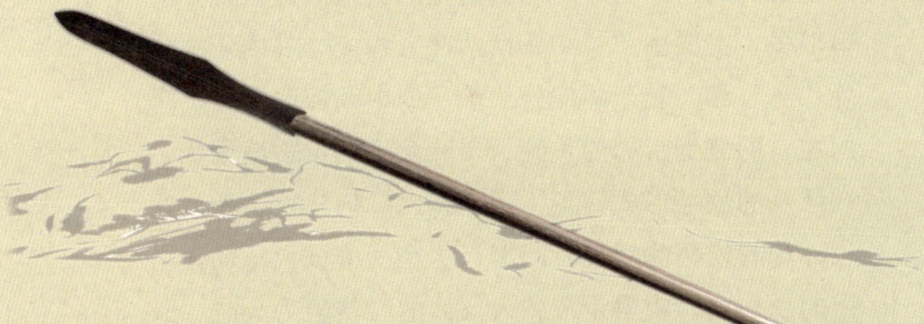

一、由矛到枪的历史演变

中国古代的兵器以冷兵器为主，而冷兵器有长短之分，长的叫长兵，短的叫短兵。在长兵器中，最为重要和实用的莫过于矛和枪。矛出现的比较早，枪则在矛的基础上产生，从时间上来说要晚于矛。

矛在中国古代战争中主要用来直刺或扎挑，是一种重要的刺击兵器。它的构造相对其他兵器来说要简单很多，主要由矛头和矛柄两部分构成。其中矛头分为“身”和“骹”两部分，矛身的中间部分有脊，脊的左右两侧是带刃的矛叶，矛叶由下到上逐渐聚拢，在矛头的顶端形成锋尖，锐利无比。另外很多矛头在设计的时候两侧都带有凹槽，这些凹槽极大地加强了矛的杀伤力，使得矛在刺入人体的时候阻力大减，既方便刺入又加大了伤害面，所以也被人们称之为“饮血”。骹的主要功能是连接矛头和矛柄，因此它的形状为直筒状，越往下越粗，最低端一截为中空，用来安装矛柄。同时为了防止矛头脱落，很多骹的两边还设计有环状钮，这样就方便用绳子从它中间穿过，进而把矛头和矛柄固定的更牢固；对于矛柄来说，最常见的有两种，一种是木质的矛柄，一种是竹木结合的矛柄。木质的矛柄制作起来较为简单，挑选合适的木材直接加工就好。竹木结合的矛柄制作起来就要麻烦很多，首先得选择合适的竹子为材料，然后把竹子中间的竹节打通，在中空的竹子里填满木条，再用绳子把竹子外面完全裹扎起来，最后在最外层涂上漆，这样竹木结合的矛柄就制作完毕。由于这种矛柄加入了竹子，并利用了竹子外层富有弹性的特点，所以这种矛柄又被称为“积竹柄”。相对于木柄来说，积竹柄既坚韧又富有弹性，性能要比木柄好很多。

对于矛的历史，历史学家们通过考证认为矛在人类社会的历史最早可以追溯到原始社会。在使用棍作为狩猎和防御武器之后，人们逐渐发现，如果把这些木棍或竹竿的一端弄成尖状的，那么不论是用来刺鱼还是其他猎物，都会容易很多，这样最初的简易木矛或竹

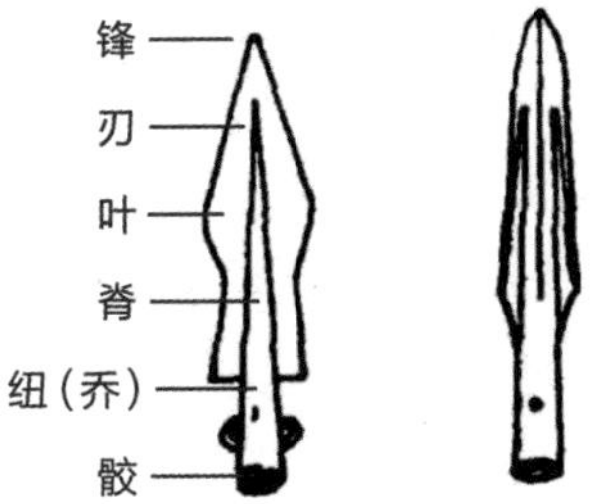

矛的结构图

大汶口遗址中的石矛和骨矛

矛就产生了。不过木质的或竹制的矛头由于材质的原因，极易被损坏，于是原始先民们逐渐用石头或者兽骨取代了木头或者竹子，磨制出了石质的矛头和骨质的矛头，杀伤力更加强大。在山东泰安的大汶口遗址中就曾出土过石矛和骨矛，在其他新石器遗址中也有类似的石矛和骨矛出土，可见在新石器时代石矛和骨矛已经大量出现了。

进入青铜时代之后，青铜矛头逐渐出现，在河南安阳殷墟侯家庄区域附近，就曾发现过成捆的青铜矛，据当时的考古统计显示，共发现青铜矛 7 捆，每捆 10 支，总数有 700 多支。可见在当时青铜矛已经开始大量被使用。另外考古学家从这些青铜矛的形制，猜测其可能为殷王朝的禁卫军所使用的武器。从整体来看，这些矛形体都十分宽大，且两面带刃，并且矛头上还雕刻有精美的图案，如果用现在的眼光来看，这简直就是一件件精美的艺术品。而考古工作者在湖北黄陂的盘龙城以及江西清江吴城遗址中发现的青铜矛，其造型就要简单很多。这些矛头外形酷似柳叶，因

安阳殷墟出土的青铜矛

此也被学者称之为柳叶形矛。

到了周代，矛头两侧有刃的地方被加长，矛锋也比之前更加厚实，矛骹两边的环状钮在很多矛上已经被取消，而更多的是采取在骹的下端开一个对穿的口子来对矛进行固定。从整体来看，矛头显得十分瘦长，矛的形式也被不断简化，越来越突出其实战功能。

到了春秋战国时期，矛的实战功能进一步被加强，矛头在之前的基础上向着更窄的趋势发展，并且在矛上增加了血槽，其杀伤力十分惊人，逐渐在兵器中占据重要的地位。如 1983 年在湖北江陵的马山 5 号墓中就出土过一件吴王夫差自用的青铜矛，现藏于湖北省博物馆。该矛头全长 29.5 厘米，矛头两侧的中间都有脊，脊上有血槽，血槽的下端是一个兽头，再往下是骹，骹口扁圆，下部中空。矛头的基部上刻有两行八字的错金铭文："吴王夫差自乍(作)甬(用)鈼。"据相关的专家考证，这里的"鈼"字在当时属刺兵器即矛。

在这一时期，除了青铜矛极为盛行外，铁质的矛

春秋 吴王夫差矛

也开始崭露头角，如当时楚国，冶炼工艺就较为先进，考古工作者在楚国的墓葬中发现了很多铁质的兵器，其中就有铁矛，而这与《荀子·议兵》中提到的楚国“宛钜铁矛，惨如蜂虿”也十分吻合，同时也十分形象地揭示出了矛对人的伤害，在荀子看来就如同蜂、蝎的毒刺一般。

同时，因为矛的材质发生了改变，矛的形状也随之发生了变化，矛头越来越窄，骹也被不断加长，这一时期矛的形态被称之为长骹窄叶型。之所以出现这种情况，一来是为了适应当时冶炼钢铁的工艺，即以块炼铁渗碳成钢的方式经过多次锻打炼成；二来是因为钢铁的材质相对于青铜来说更坚韧，不容易折断，可以加工得更窄。不过这一时期的钢铁产量极其有限，因此在军队中所使用的依旧是青铜矛，直到汉代，钢铁制作的矛才最终取代了青铜矛。

不过秦矛的形状变化却略有不同，在春秋之时其形状还比较大众化，矛头为窄长形，但到了战国以后，秦矛的矛头逐渐变短变宽，和当时其他国家的矛区别很大。如在秦始皇兵马俑中，就曾发现过许多秦国的兵器，其中多为青铜矛，铁矛极少。青铜矛的矛头有两种尺寸，一种长 15.4 厘米，另外一种长 17.6 厘米。而铁矛由于材质的原因已被腐蚀，但从余下的部分可以看出铁矛的整个形状为窄长形的，酷似竹叶，保留下的矛头长度有 31.2 厘米。

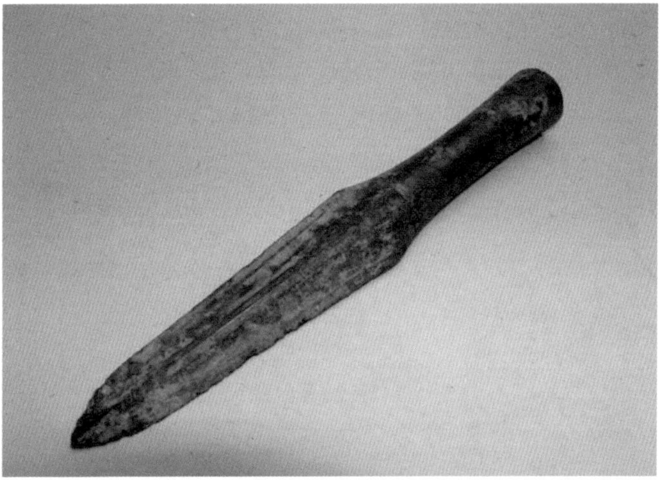

秦代铁矛

矛在古代战争中有着举足轻重的地位，之所以会出现这种状况，与中国古代的战争形式有着十分密切的关系。据资料显示，在夏代的时候，战车已经开始在战场上使用，且在战役形式上出现了小规模的车战，之后经过商周两代的发展，战车开始在战场上被大规模使用。对于车战来说，矛是最为重要的武器之一，据《考工记》记载，古代战车上所使用的矛被称之为夷矛。因为经常会出现战车与战车之间的战斗，所以夷矛都很长，大约有 5 米左右，这样就方便两车之间的士兵可以攻击。另外战车往往会配备一定量的步兵。每辆战车后面都配备有一定的随车步卒，人数多少不一，有 25 人的，有 75 人的，还有配备上百人的。这些步卒中也有使用矛作为武器的，他们拿的矛被称之为酋矛，酋矛比夷矛略短，但也有 4 米左右。

另外，在这里需要简单介绍下秦始皇兵马俑中的一件“悬案”。之所以称其为“悬案”，是因为这件事情，直到现在仍然是众说纷纭，不过用辩证和历史的视角去看，还是可以得到一些有用的信息。

战车

这个要从秦始皇兵马俑的发掘现场说起，当时在发掘过程中考古人员发现了一条长 6 米多的木杆遗迹，再加上矛头的话，长度接近 7 米于是就有许多人认为这是迄今为止中国最长的矛柄。有了这个“可靠的”证据，甚至有的人开始认为秦国的时候已经有了 7 米长矛阵，这个长矛阵甚至可以媲美马其顿的长矛阵。其实这种说法是十分可笑的，更是没有任何的历史依据。因为在整个秦始皇兵马俑的发掘中，总共就发现了两处木杆的遗迹，如果那个时候有所谓的“长矛阵”的话，发掘现场应该到处都是长矛。对于古代的战争兵器，古人早就有一套成熟的指导理论，即兵器的长度一般不超过人身高度的三倍，因此 7 米的长矛在当时存在的可能性很小。又因为在秦始皇兵马俑遗址中所发现的两处木杆遗迹都是在靠近车的地方，且放置在这里的车并不是普通的战车，而是当时的作战指挥车，因此有专家推断那两根长木棍并非矛柄而是旗杆，这种说法应该是有一定的可能性的。因为在先秦时期，有战争的地方必有旗帜，而旗帜作为指挥军队的标志之一，必然是和指挥系统联系在一起的，因此在战车边上出现军旗也就不足为奇了，而这也很好地解释了仅有两根长棍遗迹的原因，因为既然是军旗，肯定数量相当少。并且，作为军旗，其顶端一般也会呈矛状，这也是导致很多人认为它是长矛的一个重要原因，不过最终我们也无法有力地肯定这两处长达6米多的木杆遗迹到底是何物，也许在以后有新的历史文献或证据出现之后，才能确定吧。

到了汉代，由于钢铁冶炼技术的发展，钢铁开始在各个领域大面积被使用。特别是在兵器锻造上，铁质兵器越来越多，矛也不例外。到了汉武帝时期，铁矛已经取代了青铜矛的地位，考古发现也从侧面证明了这一点。在后来发现的中国各地的汉代冶铁遗迹以及汉代武器中，铁矛也是随处可见。如在河南南阳的瓦房庄冶铁遗址、鹤壁鹿楼冶铁遗址、郑州古荥汉代冶铁遗址中，都发现有锻造好的铁矛，其中以鹤壁鹿楼冶铁遗址发现的铁矛数为最。而在汉长安城武库遗址中，也发现了众多铁矛头，这些矛头的长度一般在22到25厘米之间，不过也有其特

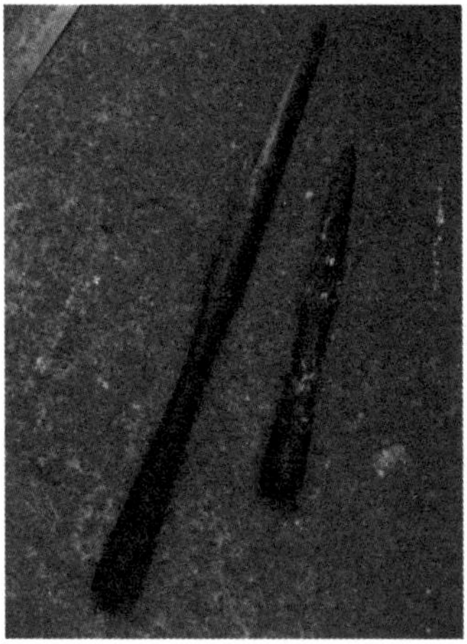

铁矛

殊的尺寸，其矛头长达 46 厘米，矛锋侧边还特别增加了一个长 8.5 厘米的倒钩。汉代铁矛基本沿袭了战国铁矛的形状，不论矛叶还是矛锋都是扁平的，另外从长度上来讲，从西汉到东汉，铁矛头的长度在不断加长，如湖南资兴发现的东汉时期的长 48.5 厘米的铁矛头，福建崇安城村发现的长 58 厘米东汉铁矛头残片。

到了汉魏之际，除了长矛外，还有一种短矛。如在湖北就发现了一件铁柄的短矛，整个矛柄被做成了竹节的形状，矛长 1.57 米，据考证，在汉魏时期它不叫矛，而叫鋋，最初是用来特指铁柄短矛的，后来被用来泛指短矛。另外，在这一时期，还有一种特殊的短矛比较流行，这种矛一般两端都装有矛头，被人称之为“两刃矛”。

到了唐代，矛仍然是军队中十分重要的武器。并且从唐代初期开始，长矛便被列为禁止民间私自铸造的武器之一，可见长矛在当时战争中的重要作用。

到了魏晋南北朝的时候，一种在矛的基础上加以改进的武器——枪出现了，并逐渐代替了矛在兵器中的位置。其实枪在中国出现得很早，传说在黄帝和蚩尤大战之时已经有了枪，不过这不足为信，直到魏晋之时，作为武器的“枪”才最终产生。

枪从本质上来讲也是一种刺兵。与矛相比，枪头要比矛头短很多，也更加尖锐，从材质上来讲，枪头基本都是钢铁材质，因此相对于矛而言，枪更加轻便和锋利。据记载三国时期诸葛亮出于战争的需要，就专门让人制造了铁质的枪，在当时的战争中发挥了巨大的作用。

隋代时期，枪的长度在一丈左右，当时的一丈，在隋朝前期是 296 厘米，到了隋朝后期就是 235 厘米。因此可以判断当时的枪的长度至少也在两米以上。据历史记载，隋炀帝就曾亲自赐枪给属下将士，并将其更名为“一丈威”。隋朝虽然在历史上存在时间很短，但却有重要的承上启下作用。唐在很多方面都继承了隋代，兵器上也是如此，但是有所改进。如在唐代的时候，枪被分为四大类，骑兵用漆枪，步兵用木枪，羽林军用白干枪，皇家仪仗队用朴头枪，这些在唐代的《唐六典》中都有详细记载。另外，唐代也出现了一批用枪的名将，如家喻户晓的秦琼，其实就是位用枪的高手。可能因为现在的门神形象和各种影视作品的误导使得人们感觉秦琼应该用的是双锏，而不是用枪。其实从历史文献来看，从未提及秦琼用锏，而多有秦琼用枪的记载，秦琼用锏只是以讹传讹。《旧唐书》中就写道：“叔宝每从太宗征伐，敌中有骁将锐卒，炫耀人马，出入来去者，太宗颇怒之，辄命叔宝往取。叔宝应命，跃马负枪而进，必刺之万众之中，人马辟易，太宗以是益重之，叔宝亦以此颇自矜尚。”通过这段描述，足见秦琼的勇猛和枪法的高超。另外，秦琼的枪因为是铁杆而非木杆，所以重量十分惊人。据说秦琼在跟随李世民一起围攻洛阳的时候，曾打过一次漂亮的心理战，即把自己的枪插在城门口然后退走，这时出来一队王世充的兵，想取走秦琼的枪，但是这些人费了半天劲儿，插在地上的枪却还是纹丝不动，这时秦琼飞马过来随手就拔出了枪，然后从容离开，给守城的军队留下了巨大的心理阴影。据说秦琼的枪在后来被以各种形式拿来显摆，以彰显王朝的强大。唐朝名将哥舒翰也擅长用枪，《新唐书》中有写哥舒翰用枪的片段，如：“吐蕃盗边，与翰遇苦拔海。吐蕃

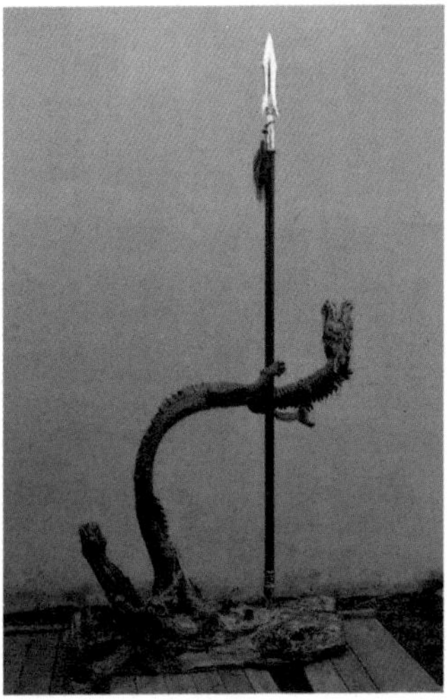

枪

枝其军为三行，从山差池下，翰持半段枪迎击，所向辄披靡，名盖军中。”可见哥舒翰当时用枪的技艺也是十分高超的。

到了宋代，枪的制作达到了顶峰，不但种类繁多，而且形制复杂，总的说来，有十八种左右，然后再按照用途不同，分配给不同的士兵。如骑兵用枪就有单钩枪、双钩枪、环子枪等，这些枪的枪头后边部分都装有倒钩，枪柄上设计有铁环，柄的后部还有铁镦，使这些枪既可以用来刺杀，也可以用来钩杀。步兵用的枪有素木枪、鸦项枪、锥枪、梭枪、槌枪、太宁笔枪，其中梭枪可以用来作为投掷武器用。另外还有捣马突枪，专门用来对付骑兵。

明清之时，长枪依旧是常见的兵器，只是这个时候的枪头进一步变短，枪的重量也进一步变轻。随着火药的使用，冷兵器的地位不断下降，枪也没有例外。

二、枪与火药

虽然随着社会的发展枪在冷兵器中的地位不断下降，但是这并不是说枪的历史就已经终结，随着火药的出现，火药越来越展示出自身的价值。在这个过程中，人们把火药和传统的冷兵器——枪联系了起来。

这里先对火药做个简单的介绍。作为中国“四大发明”之一的火药，它的历史十分久远，并且其本身的出现也是一个巧合。我们知道，火药的主要组成成分为木炭、硫黄和硝石，而早在新石器时代，人们就开始运用木炭来烧制陶器，在商周之时，在冶金的过程中木炭也被广泛使用。而对于硫黄来说，它本身就是一种天然存在的东西，且因为本身具有十分刺激的气味，所以很早就被人们发现并利用在生产生活中。早在春秋时期宋国的名士计然就明确说过硫黄和硝石的产地，他讲到汉中产硫黄，而陇道出硝石。随后硫黄和硝石便引起了更多的医药学研究者的重视。在他们看来，硫黄和硝石可以作为药品来使用。如在汉代的《神农本草经》中，硝石就被列到了上品药的第六位，它被认为可以治疗 20 余种疾病。硫黄则被列为中品药的第三位，被认为可以治疗的疾病也有数 10 种之多。而炼丹者认识到这些知识后，便开始把硫黄和硝石用于炼丹，认为这样可以炼制出长生不老的丹药。当硫黄和硝石被用于炼丹后，炼丹者们在偶然间又发现在一定情况下硫黄和硝石的混合物燃烧会产生爆炸。随后晋代的炼丹家葛洪对此进行了一系列的试验，对火药的发明产生了积极的促进作用。随后唐代的炼丹者们又进一步改进炼丹的方法，他们试验用“伏火”的方法来改变硫黄和硝石的毒性。“伏”即降伏的意思。在这个过程中，由于一个叫清虚子的炼丹家把木炭、硫黄和硝石研成粉末混在一起进行炼制，最终长生不老的丹药没有炼制出来，却造出了一种点火后可以发生剧烈燃烧的物质，这种物质就是我们现在所说的火药，可以说，中国最晚是在公元 808 年就已经发现了火药的原始配方。

火药的出现，对中国古代兵器的发展产生了非常重要的影响。到了宋代的时候，中国兵器的发展已经进入和火药结合的创新、发展时期，这一时期兵器的特点是出现了冷热兵器的结合，即不断地尝试把火药这种极具杀伤力的物质引入冷兵器中，使得兵器

火药箭

的杀伤力更为强大。

通过对于宋代史料的研究我们发现，在北宋的时候虽然已经在战争中引入了火药，但是并没有最大限度地发挥火药的价值。这一时期，在战争中人们仅利用到了火药易燃这一特性，所以更多的是用火药去破坏对方的军事防御设施，对人员的杀伤力却很有限。如这一时期最有名气的火器——火药箭，便是将普通箭镞的后部绑上一个可以环绕箭杆的球状火药包，火药包的外部用十分易燃的物品做成，其内部加入足量的火药，药量多少视弓箭的大小而定。在使用的时候，先引燃箭镞后面的火药包，然后再射出箭镞，其主要目的是用来破坏建筑以及粮草等，对人的直接杀伤力并不大。直到南宋之时，真正意义上的火器才出现，其中最具有代表性的就是火枪。

根据历史的演变，火枪出现了长竹竿火枪、飞火枪和突火枪三种形式。其中长竹竿火枪是火枪的最初形态，它的发明者是南宋德安知府陈规。长竹竿火枪顾名思义是用长竹竿做成，竹管即被当作枪管，使用的时候要先在竹筒内填充火药，然后从竹管的尾部将其点燃，这样烈焰就能够成股地喷出，具有相当的杀伤力。不过这种长竹竿火枪枪身比较长，所以得三人一组才能使用。据史料记载，陈规曾率一支60余人的队伍，使用20多支长竹竿火枪，取得了一次关键战役的胜利。因此陈规也被人们称为“现代火器的鼻祖”。

不过上面我们也已经提到过，长竹竿火枪单人无法操作，因此后人又在长竹竿火枪的基础上进行了改进，制成了单人便可使用的火枪，被称之为飞火枪。飞火枪即在普通长枪的头部下方安装一个火药筒，火药筒用特殊的纸做成，内装有火药和铁屑等，有火捻露在外部，使用的时候只要点上火捻便可喷出火焰，伤害敌方。同时，在喷射完火焰之后，依旧可以把手中的飞火枪当作长枪来使用，继续杀敌，因此它依旧具有冷兵器枪种的功能。

飞火枪

飞火枪虽然比长竹竿火枪有所改进，

但是仍未脱离冷兵器的束缚，更多的还是依靠长枪本身来杀敌，因此火枪的改进并没有到此停止。到了南宋开庆元年，出现了一种可以直接用于发射的火器，依靠发射物来杀伤敌人，而这种火枪就被称之为突火枪。突火枪选用竹子作为枪筒，筒内装有火药和小弹丸，当点燃火药后，枪筒内的气体骤然膨胀而把筒内的小弹丸射出。可见，突火枪和冷兵器中的长枪已经没有什么关系，是真正意义上的火枪，因为也被认为是后世枪炮的鼻祖。

三、枪与文化

所谓文化，都受到特定时期社会政治经济的影响，不过文化又会反过来影响社会的政治和经济。枪在古代历史中是十分重要的战争兵器，因此它和各个时期的文化也有着重要的关系。

我们知道，历史上朝代更迭不止，有和平之时，也有战乱之时，但是任何时期，武力都是统治者们所最为重视的。因为只有具备了强大的军事力量，才能更好地维护自己的统治地位。而枪作为冷兵器时期最重要的武器之一，必然被人们所重视。

说到这里，要先提一下中国古代的主流思想意识，即儒家思想。儒家思想又被称之为儒教或者儒学，它是由先秦时期的孔子所创立的，是先秦时期的“诸子百家”之一，孔子以“仁”“礼”等核心概念建立了儒家的思想体系，对中国以及东南亚甚至全世界都产生了深远的影响。

虽然儒家提倡“仁”“礼”，但是并不是说儒家

孔子像

就绝对地排斥武力。我们知道，孔子一生的愿望都在“克己复礼”，在他心中所要恢复的便是“周礼”，但是孔子所处的却是一个战乱频发、“礼崩乐坏”的时期，因此孔子也意识到了，要实现自己的愿望还是需要依靠武力的。孔子的很多学生都十分的能征善战。如史料记载被列入“孔门七十二贤”中的冉有，武艺便十分高超，且善于使用长矛。在《左转·哀公十一年》中就曾记载：“公为与其嬖童汪锜乘，皆死，皆殡。孔子曰：‘能执干戈以卫社稷，可无殇也。’冉有用矛于齐师，故能入其军。孔子曰：‘义也。’”这段话的大概意思是说：公为和他宠爱的小童汪锜同坐一辆战车，一起战死，都加以殡敛。孔子说：“能够拿起干戈保卫国家，都是可以厚葬的。”冉有使用矛攻杀齐军，所以能攻破齐军。孔子说：“这是合于道义的。”可见，在孔子看来，对于战争的性质也是要区别来看待的。如上面所记录的这场战争，冉有仅仅带领300多人，使用长矛变化阵势从而击败了齐军，在孔子看来，这是一场守卫自己家园的正义的战争，因为他用“义”来形容这场战争。更为重要的一点是，在这场战争中，冉有一个人就杀敌无数，而这和儒家所主张的思想其实也不相冲突，因为武力同样也是达到“仁”和“礼”的一个有效的途径。不过在这个过程中，当然还有更多的思想上的问题需要处理，而并非仅仅依靠武力就可以一蹴而就。

当然在春秋之时，和枪的关系最为密切的要数法家，在法家思想中除了极力主张“法治”外，另外一个十分重要的主张便是“耕战”。所谓“耕战”，即通过采用武力征伐从而达到国家统一的目的，以此来稳固自己的统治。这套理论，却完全适应了当时社会的现实，因此当时的统治者大多采用法家的理论，而秦始皇统治中国，当时的理论系统也依靠的是法家。可见法家思想在当时的繁荣程度。同时，因为法家注重武力征伐，所以对于兵器的发展也十分重视，而长矛是这一时期最为重要的兵器之一，因此矛在这一时期不论是从形制和质量，还是从生产的数量，都开始有了长足的发展。而长矛的改进和发展，又反过来推动了统治者自身武力的提升，不过这也促使当时的社会最终由纷争走向了统一，从而使得法家的政治主张最终变为了现实。

枪和物质文化之间的联系也十分紧密。所谓物质文化，从广义上来讲是指人类为了满足生存以及发展的需要所创造的物质产品以及其上面所表现出的文化内涵。我们知道，物质生产活动是人类最基本的活动，它所创造的物质生活资料和物质生产资料是人类其他一切活动的基础，其衍生的物质文化也是人类其他文化的基础。枪作为兵器的一种，它的产生和发展都离不开当时生产力的发展和科技的进步。

枪的物质文化，主要表现在其材质与形制的变化。当然，材质和形制本身也是相互影响的。材质决定形制的改变，形制也促进材质的更新。从这里，我们可以看到，枪是在古代生产力和科技发展的带动下不断向前发展的。如在原始社会，由于生产力水平十分低下，为了生存的需要，各个部落之间经常发生战争，但由于当时还谈不上什么科技水平，人们更多的是利用石块、骨棒等现成的或粗加工的武器，也正是在这一时期，人们在不断的战争中总结经验，终于制成了石矛、骨矛等人类最早的矛制兵器。虽然对于现在的人来说，石矛不仅形制简陋，而且容易破碎，但是它却是后世矛、枪等的雏形。这种石兵器一直持续到了商代，直到青铜器出现，才慢慢地有了铜质的矛。但最初的时候青铜的硬度和韧性是不尽如人意的，因此为了保证铜矛本身的杀伤力，铜矛的头部呈现越来越扁平的结构。而商代以后，由于铜的大量开采利用从而使得冶铸铜的技术迅猛发展，铜、锡的最佳比例逐渐被工匠所掌握，这使得青铜矛的坚韧度得到了极大的提高，进而满足了当时的作战需要。此外，在《考工记·弓人》中还规定了对于矛的材料选择、形制等的一系列要求，可见当时兵器的制造已经有了一定的规格要求，这标志着中国的兵器已然进入了制式兵器的时代，即出现了规模生产标准化兵器的局面，这使得矛的质量得到了极大的提高。不过随着后世作战方式的改变，青铜制式的兵器越来越不适应骑兵作战的要求，而同时铁器又渐渐得到了普及；又因为铁器的成本要比铜器低很多，因此作为制式兵器，铁器逐渐取代了铜器而成为兵器的主要材质。不过铁器在兵器中的运用也经历了漫长的时间，最初出现的铁器由于工艺问题极易折断，因此没有被作为兵器的材料，这种情况一直延续到了汉代，因为当时的冶铁技术取得了突破性的发展，才使得铁制兵器在战争中被大量地使用，而这也意味着“铁器时代”的来临。到了汉武帝时期，铁矛已经完全取代了青铜矛在战场上的地位。随着时代的发展，人们又在矛的基础上发明出枪，一直到了宋代，冷兵器和火药的融合使得枪这一有着悠久历史的兵器又一次得到了巨大的飞跃和发展，随后才有了火器在战场中的广泛使用。

可见，枪的形制和功能是随着古代科技水平的不断发展而变革的，枪的每次历史变革，都使得自身的杀伤力进一步提高，从而满足了时代和战争的需要。因此，是科技和创新促进了枪的发展和演变。

虽然枪作为古代的战争武器在今天已经没有了太多的用武之地，但是它并没有退出历史舞台，而是从古代的战争武器转变成了现代具有武术竞赛和强身健体功能的体育器材。

当然，枪之所以能在当今社会、在人民群众中依旧具有如此强大的生命力，是因为即使在今天这样的和平年代，人们依旧对于从古代发展而来的枪十分认可。我们知道，在古代因为战争频发，人们对器械判断的唯一标准便是其本身所具有的实用价值，也正因为这个原因所以古代的枪即使是在民间也是十分接近作战时用枪的形制。而在当今社会，因为习武环境已经发生了根本性的变化，因此枪的作战功能已经逐步退化甚至消失，正是在这个意义上，人们判断器械的标准也发生了根本性的改变，器械的实用性已经不是唯一的评判标准，因此枪的形制在这种大环境下也发生了很大的改变，没有古代长枪的锋利，而仅在形式上保留了古代枪制的基本特征。

枪，这种在历史上延续了几千年的兵器，在当今社会已经成为中国传统文化的一部分，而它所代表的那种锐气逼人的形象也早已深入人心。正是在这个意义上，从古至今有很多文学作品中都会出现对枪的描绘，再加上作者对用枪之人的各种渲染，使得这原本冰冷的杀伤武器又被赋予了一层明亮的文学色彩。

虽然对于兵器本身来说，只有形状和功能的差异，但是在中国古代的文学作品中，作者在写作过程中已然将兵器彻底地融入他所塑造的人物形象中，使得兵器成为特定英雄人物的重要形象特征，而这也是兵器文化的重要内涵之一。

如《三国演义》中就大量出现了使枪的主要人物。了解中国历史的人都知道,《三国演义》是罗贯中在《三国志》这一史料基础上，加入自己的创作才华，进而写出了一部跟三国历史紧密联系的长篇历史小说。这本书的人物形象以武将居多，虽然有的用墨颇多，有的一笔带过，但综观全书，这些武将手中所持的兵器在一定程度上却是体现自我的最好表征。

在罗贯中的《三国演义》中，各个势力所拥有的武将，他们所持有的兵器种类繁多，用枪的人物也是最多的，而且一个个都可称之为智勇双全。如名将赵云、马超、文丑、夏侯惇、太史慈、张颌等所执器物均为枪。 特别是对赵子龙的描写，给人的印象极为深刻。赵子龙一枪在手，万夫莫敌，为蜀国立下了赫赫战功。

与《三国演义》齐名的另外一本文学名著《水浒传》所记述的是宋代农民起义的故事，因为有大量的战役场景，所以文中不乏对兵器的细致描写。如故事中的各位英雄人物在未出场之前，必定要先讲述其手

赵 云

中所持的兵器，因此对于很多人来说，“读《水浒》犹如漫步古战场”。

在《水浒传》中，作者在众多的兵械中，对枪显得格外的重视，以枪出名的也比较多，如“豹子头”林冲、“小李广”花荣、“玉麒麟”卢俊义、“双枪将”董平、“矮脚虎”王英等众多英雄好汉，一个个都是用枪的好手。在这里，这些英雄好汉手中所用之枪已经不仅仅是一件杀人的武器，而更多的是在于彰显各个人物的性格特色。

如在《水浒传》第十回中，在破庙借宿、偶听实情、报仇雪恨这一系列场景描写中，将林冲的个性表现得淋漓尽致。在风雪之夜，林冲外出去买酒，这本是一个寻常的场景，但是作者却通过林冲的一系列动作，凸显了林冲的个性特点。你看他“把花枪挑了酒葫芦，将火炭盖了，取毡笠子戴上，拿了钥匙，出来把草厅门拽上；出到大门首，把两扇草场门反拽上锁了；带了钥匙，信

林冲

步投东，雪地里踏着碎琼乱玉，迤逦背着北风而行”。这一系列的动作描写，十分细致地刻画出了林冲自身的性格特点以及他当时的心理，那种谨小慎微、忍辱负重的内心状态跃然纸上。而最后林冲在报仇之时，对陆谦“劈胸只一提，丢翻在雪地上。把枪搠在地里，用脚踏住胸脯，身边取出那口刀来，便去那人脸上搁着……把那人上身衣服扯开，把尖刀向心窝里只一剜……”等描写，更是淋漓尽致地刻画出了林冲幡然醒悟之后对于陆谦的那种刻骨之恨。

综上所述，我们可以看出兵器在中国古代文学作品中已经不是纯粹的兵器或者文学道具，更多的是通过冷冰冰的兵器来传导主人公的个性特点；而不同的兵器，其不同的结构和使用特点，都被作者用来作为渲染人物主角性格特点的工具。

另外，在古代的一些演义小说中，兵器被作者赋予了极为强大的灵性，甚至在一定程度上让读者恍然觉得兵器已然成为兵器主人的化身。如《说岳全传》中岳飞的兵器，就成了所谓的神器“沥泉神枪”；而在《东渡记》中，也有神化枪棒的故事，如第四回就讲到了枪棒化蛇降众少的故事，其实这些神化的兵器，都有作者想通过兵器来反映自己在塑造人物形象时的特殊用意。

枪不仅在古代小说和演义中，在诗词、成语等方面也有诸多体现。如《诗经·秦风·无衣》中的“王于兴师，修我矛戈”“王于兴师，修我矛戟”等诗句，在这里矛已然不是一把用来上阵杀敌的兵器，而是象征着极为强大的国家意志和民族情感。而说到和枪有关的成语，也是数不胜数，如：唇枪舌剑、夹枪带棒、单枪匹马、临阵磨枪、虚晃一枪、横枪跃马、自相矛盾等。这些诸多的和枪有关的成语，它们虽然产生于不同的年代，但是都有着深刻的历史内涵，被人们接受并用于日常交流中，最终成了中国传统文化的重要组成部分。

岳 飞

另外，枪的名称本身也极具民族风情和文化内涵。如用来寄托美好愿望的龙凤枪，用来祭拜风、云、雷、电等神灵以求得风调雨顺的火焰枪，等等，这些都体现了枪与中国古代文化的深厚内涵。

如今，在传统的京剧舞台上，依旧有很多剧目是用来讲述古代战争的宏大场面。而其中最具有特色的即“打出手”这种武打特技，它被用来反映在古代战场上那种激烈的对决场面。“打出手”还被称之为“踢出手”“过家伙”等，通常是指武旦踢枪的一种特技，这是武戏中十分重要的组成部分，因此也被称为是所有武旦演员都必须掌握的基本技能。从表现形式上来讲，“打出手”具体是指交战双方拿双头枪做抛、踢、接、传等脱手技巧。在京剧中加入“打出手”，也是为了更加突出双方激烈的交战场面，进而也表现出了场中人物的勇猛过人。

“打出手”主要是突出一个“打”字。它被分为“上把”和“下把”。“上把”以踢枪为主，“下把”

京剧“打出手”

以扔枪为主。在表演中一般会根据剧情中交战双方的激烈程度来确定参加表演的人数，但是人数最少不能低于两人，多则不限，但囿于舞台面积，也不能过多。从表现形式上来讲，“打出手”一般分为两种：其一是神怪之间的法术争斗戏，主要是用“打出手”来表现神仙和妖魔之间的斗法场面，如《八仙过海》就是这种形式；其二是人和人之间的打斗，凸显主人公骁勇善战的形象和顶天立地的气魄，如《取金陵》《红桃山》等就是这样的形式。

到了当今社会，随着时代的变化，“打出手”在戏剧舞台上的表现手法也有了新的变化，情节和人物之间的联系更加密切，表现手法也更复杂更唯美。另

京剧“八仙过海”

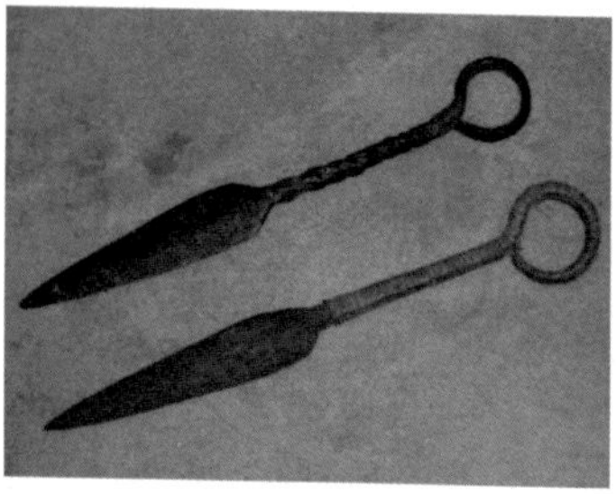
飞镖

外，在伴奏中也与时俱进，如加入了管弦乐等，更加烘托出了“打出手”的艺术感染力。

另外，枪在自身的发展过程中，也出现了许多衍生物，如刺刀以及暗器中的飞镖等，这些都是枪文化的一种表现。

当然，随着战争手段的不断升级，冷兵器在战场上基本没有用武之地，但二战时期，中国战场则是一个例外。在中日的多年战斗中，白刃战多次发生，因此也出现了我军多次使用红缨枪的情景。如在1938年3月的神头岭伏击战中，八路军第三八六旅新建部队由于步枪数量严重不足，很多连队几乎全部都是用红缨枪装备起来的。红缨枪长度一般在2米左右，枪身由白蜡树杆制成，韧性很好；铁制枪头末端的红缨可以阻止血顺杆流下，以防枪杆湿滑难以握持。据记载，遭到伏击的日军在狭窄的地形上基本排不成战斗队形，既没有地形地物可利用，也无法发挥火力优势，三八六旅很快就与日军展开了白刃战。在宽度不到100米的山梁上，被日军称为“长剑”的红缨枪显

红缨枪

示了极为强大的威力。一方面它的长度可以保证在与日军步兵肉搏时具有一定的心理优势，另一方面和大砍刀相比，红缨枪不需要大幅度挥舞，因此更便于多人协同作战。另外，相对于其他武器，使用红缨枪只要具有一定的臂力即可，不需要十分专业的技巧，因此八路军就这样最终依靠红缨枪取得了神头岭伏击战的胜利。红缨枪也因此被赋予了更为深刻的历史价值。

小结

本章讲述了枪的历史，追溯了由矛到枪的历史演变过程。矛之所以在先秦的时候大放异彩，跟当时战场上战车的盛行有很大关系；而当战车退出战争舞台之后，矛没有在第一时间消失，而是一直延续到了魏晋南北朝，才被人们在其基础上加以改进产生枪，其实这和不同历史时期的战争状态有很大的关系。同样的道理，因为火药的出现，作为冷兵器的枪也逐步退出了战争舞台。同时，枪在历史上也被赋予了不同的文化内涵，同时在各个时期的文学作品中也经常出现，更被京剧艺人赋予了深刻的艺术内涵，如用“打出手”这种武打特技，来反映在古代战场上那种激烈的对决场面等。

第四章　刀

一、由农具到武器——刀的历史演变

说到刀，大家都十分的熟悉，但对于刀的历史，知道的人可能就没那么多了。其实，刀在人类社会出现的时间很早。早在原始社会，人类就已经开始使用石头、蚌壳和兽骨等来打制各种造型的刀。如位于北京市房山区的周口店北京猿人遗址中，就曾发现旧石器时代早期人类使用的石刀，这些石刀有长方形的、椭圆形的、棱形的以及三角形的，石头的材质多为石英和砂岩，另外还有一些用动物骨头制作的刀，也十分锋利。这些石刀和骨刀，首先是劳动工具，然后才是自卫武器，一直到有专门的石镰和蚌镰产生以前，这些石刀和骨刀就一直承担着劳动工具的角色。只是到了后来，作为农具的刀和狩猎战争的刀被区分了开来，才使得它们各自有了专门的用途。到了这一时期，收割农具的刀有了自己专门的名字，被称为铚。其最初的形态和石刀和骨刀十分相似，如在河北平山县发现的陶铚范，以及在昆明呈贡县发现的铜铚，都和石刀十分相似。

石刀在被专门用于狩猎和战争后，制作得更加精美。如在安徽潜山县的薛家岗出土了众多的石刀，上面的孔数从三孔到十三孔不等，不过都是奇数。如现收藏于中国人民革命军事博物馆的七孔石刀，就是一件杀人之利器，器形整体呈长方形，上部比较宽，刀背相对平直。沿刀背的一侧，有 7 个圆形的穿孔整齐地排列着。整个器身长 32.5 厘米，宽 9.5 厘米，厚约 1 厘米。据相关考古专家介绍，此物是原始社会晚期的专门用于作战的砍杀类的长兵器。在当时，这把刀是装有长木柄的，即把木柄的上端竖直地开出一条和

原始社会晚期　七孔石刀

刀背长度一样的深槽，然后把刀背插入其中固定起来，这时刀背上的七个孔还是露在外面的。这些孔是用来穿绳的，以进一步通过绑扎来固定住石刀。

石刀在青铜兵器出现以前，一直作为重要的战斗武器存在，直到商代，现代意义上的刀才真正出现，也即我们平时说的金属刀具。但是，因为当时的战争形式主要以车战为主，因此刀主要是作为护体防身之用，同时也出现在一些近距离的格斗中。如在河南安阳殷墟就发掘出土了一个车马坑，再现了商代晚期驷马战车，车上就发现有青铜刀。其实这只是殷墟中众多青铜刀的一个，据不完全统计，仅殷墟出土的青铜刀就有 200 多件，经相关考古专家研究发现，被用作武器的青铜刀主要有直柄刀和卷头刀两大类。直柄刀相对来说出现较早，从殷商的早期到晚期都有发现，而卷头刀则是从殷商的中期才开始出现。

现在在河南等地的殷墟遗址以及其他地方的商代墓葬中大量发掘出土了青铜小刀，这些小刀和最早期

商代 青铜刀

的剑的尺寸差不多，如果从现代人的视角来看，这些小刀充其量只能称之为匕首，但匕首在古代其实是一种短剑，因此为了不至于把刀剑混淆，所以这里还是明确地称其为小刀。值得注意的一点就是在商代，这种尺寸相对短小的刀，其本身的界定并不是很明确，有的时候是兵器，但其在生产工具和生活用具中也常常出现。

商代的刀从外形特征来看，大致可以分成两个不同的文化系统。一个是中原文化系统，其形制一般为：刀身呈现出长条形，刀背的上部厚且有脊，甚至有的刀背上还专门设计了齿状扉牙。刀尖则会造得比较前冲，而且会微微上翘。至于刀柄则跟扁茎剑差不多，是由刀背部向后延伸出一段柄舌，这样也方便安装木制或玉制的刀柄，而刀身上有时还会铸上饕餮等商文化的代表纹饰。另一个是北方草原文化系统，这个系统的刀柄形制一般为曲柄，最为突出的一点是柄首一般做成动物头部的样子，刀的手握处一般刻有几何纹饰，刀身为单刃，背部有脊，不同的是其刀尖并没有特别明显的上翘，另外刀身也比中原文化系统的窄很多，从外形来看和曲柄剑十分接近，因此也有推断说其本身便是曲柄剑的前身。

另外，吴钩其实也是一种刀形的兵器，只是因为其盛产于春秋时期的吴国，因此被命名为“吴钩”。《吴越春秋·阖闾内传》载：“阖闾即宝莫耶，复命于国中作金钩，令曰：‘能善为钩者，赏之百金。’吴作钩者甚众。”这种兵器最早的时候只在文字记载中出现过，而实物从未被发现，直到1975年在秦始皇兵马俑坑中发现了两柄实物后人们才终于知道了它的“庐山真面目”。吴钩从外形来看跟弯刀差不多，不同之处在于吴钩的钩身两侧都有刃，另外其大多为平头无锋，钩柄被做成椭圆形。可以说，吴钩是中国刀剑发展史上的一个特例，在过去很长一段时间内，人们都认为弯刀是在唐代由胡人从欧亚其他国家传入的，但是随着考古新成果的出现，更多的证据显示中国的弯刀很有可能是由吴钩演变而来的，不过从目前来看这种说法还是缺乏一定的理论依据。

到了秦汉时期，由于铁器的使用，刀的制作工艺得到了一定的改进。在形制上，刀身进一步加长，并且已经有了战刀和佩刀之分。对于佩刀来讲，它更加注重本身的式样和镶饰，要做到式样别致，镶饰美观；而对于战刀来说，则更加注重质地，要做到质地坚韧，在样式和镶饰上没有太多的要求。因为在当时的战争中，兵车已逐渐地退出战场，取而代之的是骑兵部队，他们逐渐成为战场上的作战主力，在这种情况下，单纯的刺兵已不足以发挥出骑兵本身的威力，擅长劈砍挥杀的钢刀则成为主要的作战武器，因此对于刀的质量要求越来越高。据史书记载，三国时魏、蜀、吴三方势力都十分注重刀的制造，曾有记载说刘备令工匠造刀 5000 把、孙权命造刀 1000 把，而司马炎也曾一次遣人造刀 8000 把，很显然这些刀是用来装备军队的，可见当时刀在军队中的重要作用。

早在西汉时就出现了环首刀、唐样大刀和弯刀，现在考古发现的年代最早的环首刀是河北刘胜墓发掘出土的，大约在公元前 100 多年，属西汉初期。此刀保存得十分完好，从外观上来看，它的刀身和刀柄宽窄相同，其刀尖从刀背向后呈半圆形斜收，环首包缠着金片，外带刀鞘。直到东汉之时，环首刀的外形也没有发生太大的变化，只有少数引进了剑格，另外环首的造型也稍微有些变化，有的刀刀身沿着刀背开出了一道血槽，其余部分则基本没有变化，直到隋唐之时也依旧和最初的样子十分相似。此外因为环首刀是一种十分优质的钢刀，所以其刀身上大多都刻上了“百练（炼）清（精）刚（钢）”的字样，因为这种经过了反复叠压锻打而成的钢刀，不仅坚硬而且韧性十足，即使猛力劈砍也不会折断，因此在铁铠大量使用、骑兵迅猛发展的时期，它的确是最佳的近距离格斗武器。

继环首刀之后还出现了一种更为优良的佩刀，那便是唐样大刀，“唐样大刀”并不是其本身的名字，而是日本正仓院所收集的一批8世纪前后从中国流传过去的佩刀，随后为其起的名字。而按照《唐六典·武库令》的记载其本身的名字应该叫作横刀。横刀与环首刀的区别在于，其身和柄之间出现了刀格，且自身的刀柄特别长，并且柄端无环，不过刀身和环首刀大致相同。另外有的唐样大刀在装饰上也算大费心力，如正仓院收藏的那些唐样大刀，其刀柄和刀鞘上几乎被珍贵的宝石镶嵌满了，由此也可以推断出这些刀的主人生前肯定是身份显赫之人，因为用于实战的武器不会有这些过多的装饰。

弯刀大概始于东晋，其刀身的设计继承了商代小刀的特征，刀头平斜无锋。在中国江苏省的镇江曾出土过一长一短两把这种样式的铁刀，长的刀身后部有伸出的柄舌，用于安装刀柄。短的刀在柄与身之间有卷云状刀格，柄中空，推断可能是用于安装长木柄做长兵器使用，不过从外形来看，其如若不安长柄也能做短刀来用。另外唐代的弯刀其头部比东晋的有所加宽。不过到了明代，其样式就更加多样，中国历史博物馆收藏的李自成起义军的铁刀和戚继光的佩刀，前一柄形制与弯刀十分相近，但是刀身和刀头又被进一步加宽，这种刀身较宽的弯刀又被称为砍刀，后一柄的形制则综合了唐样大刀长柄狭刃与弯刀刀身微弯的特征，沿刀背处开有两道血槽，同时这把刀锋利异常，用双手握持挥砍杀伤力极大。到了清代中后期的弯刀还吸取了其他国家的一些特点，如故宫博物院收藏的乾隆御用“天字第七号宿铁刀”，其刀柄具有典型的古印度样式。弯刀是封建社会末期最为普及的格斗短兵器，其中的狭刃弯刀又被称为“腰刀”，也就是现在常说的“指挥刀”，它不仅是武器，更是各国军队的军官和仪仗队举行庆典时必不可少的佩饰，直到今天依旧作为礼器被继续使用。

两汉三国时，因为战乱频发，诸国君臣都十分看重佩刀，有的甚至到了痴迷的程度，不惜花费重金，到处寻求铸刀名师，耗用几年甚至十几年工夫，炼制宝刀。那时有名的制刀匠阮师，据说他造刀

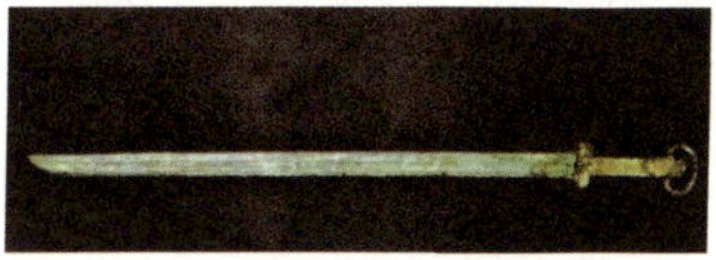

刘胜墓中的环首刀

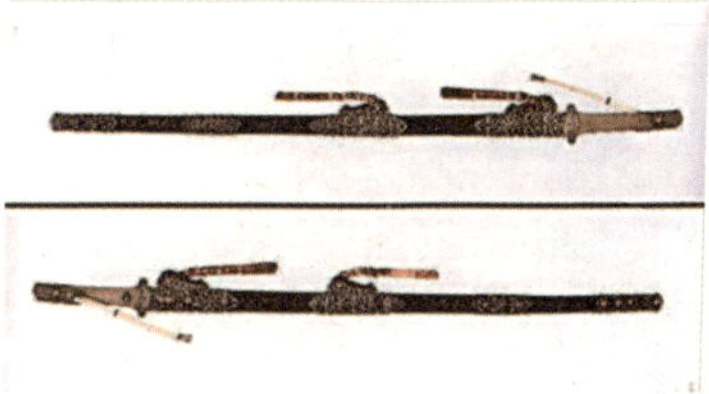

正仓院中的唐样大刀

“受法于宝青之虚……以水火之齐，五精之陶，用阴阳之候，取刚柔之和”，而他所制的阮家刀可以达到“截轻微无丝发之际，斫坚刚无变动之异”。还有蜀国人蒲元，善于用新法铸刀，特别是在淬火技术上独具一格，曾受诸葛亮邀请为其铸造钢刀数千把。

到了隋唐之时，由于采用了更为先进的“灌钢法”来铸刀，因此比之前的百炼法所造出的刀更加坚韧锋利。一般来说，唐朝的刀有仪刀、鄣刀、横刀之分。仪刀为皇朝禁卫军所使用的武器；鄣刀则是一般官吏所佩带的武器；而横刀则是专门用于装备军队的战刀。另外，唐代制刀不仅注意继承汉民族传统的制作技艺，而且随着各国及各民族之间经济文化的广泛交流，还吸收了不少外来的制刀技艺，促使战刀更趋于实用。

明朝军队使用最多的是“腰刀”。对于腰刀来说，其刀体狭长，刀身弯曲，刃部延长，在一定程度上吸收了倭刀的长处，其劈砍杀伤的威力更为强大。明朝著名将领戚继光本人就非常重视腰刀的制作，他在《练兵实纪》中对腰刀的制作方法有着十分详尽的研究，并记录了制作方法。

到了清朝，刀的种类更为繁杂，有腰刀、滚背双刀、脾刀、双手带刀、背刀、窝刀、鸳鸯刀、船尾刀、割刀、缭风刀等。其中被广泛应用于作战的是腰刀和双手带刀。腰刀上部较直，下部微曲，刃部略窄，一般用于骑兵作战。至于双手带刀，其柄长约 50 厘米，可双手把握，刀刃长且十分宽大厚重，上部呈平线形，适用于步兵使用。步兵在近身交战时，一刀砍去，可断敌首级或四肢。另外虽然兵器种类随着时代发展不断增多，但是在明清之时，刀仍然是军队的主要兵器之一。

腰 刀

二、刀与文化

刀剑在古代之所以被长期且普遍使用，一方面是因为它是十分便于携带的武器，另一方面则是因为它是封建官僚、士大夫社会身份和地位的象征，这与春秋之时有所区别，在春秋之时，各级官吏更多的是佩带剑，而到了汉代，据《晋书·舆服制》载："汉制自天子至于百官，无不佩剑，其后惟朝带剑。"另外，刀剑不仅在长度、重量方面有等级之分，而且在制造、加工和装饰等方面的选材用料以及工艺精细程度上的差距也十分巨大。如现在考古发现的很多铜、铁刀剑，其通身上下都经过精雕细琢，镶金嵌玉，这使得这些兵器在今天被人们看成是绮丽华美、价值连城的艺术珍宝。其实在古代社会这些造型奢华的刀，更多的是其主人为了彰显自身的显赫身份。据《皇朝礼器图式》记载，自乾隆十三年（1748）以后，皇室成员在正规场合的佩刀在尺寸、制式和纹样上都有明确的规定，并通过法律形式被固定下来。

刀剑的式样和佩带方式受到地域性和民族文化的影响，因此会有同一地区其式样有所不同，而这不同的式样之间还有可能形成一个系统。同时，不同式样的刀，因其本身的特点以及不同民族的不同习惯和爱好，也会出现不同的佩带方法。同时各个地方的佩带方法还存在着相互之间的渗透和影响。甚至有的佩带方法不仅在本民族间流传，甚至还流传到了国外，而且在流传出去的同时也有吸收外来的各种佩带方法，而这种内外之间的相互交流，纵观整个历史，是从未间断过的。

刀的佩带方法如果与剑相比，就没有那么丰富了。如早期出现的青铜刀，在考古发现中直到今天也没有发现其刀鞘。不过刀作为武器也好，工具也罢，总是要随身携带的。因此要携带刀，最有可能的方式就是把刀插在束衣的腰带上。《岭外代答》就有相关的记载："猺刀黎刀，带之于腰，峒刀蛮刀，佩之于肩。"不过这种将刀插在腰间的做法从何时开始，还不能确定。我们所能判定的是，在历史上刀开始被普遍佩带的时候，佩带方法一般分为两种：一种是带扣佩带法，另一种是双附耳悬挂法。

先讲带扣佩带法。起初，在魏晋之前的中原地区，带扣主要是作为马具上的用品，因此在服饰上的运用还没有得到普及，所以用带扣来佩刀还十分少见，在满城汉墓的刘胜墓中出土了一把环首刀，刀鞘保存得十分完好，从外形来看，其刀鞘在用两片木片挖槽弥合后，还用了麻丝缠裹加固，更为重要的一点是其在刀鞘的中部偏上位置安装了一个带扣，这个部位在其他出土的剑鞘上都是安装玉或铜璏的，而这把刀鞘上却突然出现了一个带扣，很明显这个带扣是用于佩刀的，不过如何来佩，却是让人无法猜测。而历史就是这么的巧合，就在大家还在发愁这个如何佩带的问题时，在山东临沂出土的东汉画像石就直接揭示了该问题的答案，在这块画像石上就刻画着一名佩刀的武士，其所佩的环首刀刀鞘上清楚地刻画着和在刘胜墓出土的外形十分相近的带扣，从画像直接就可以看出其佩刀的方法是用腰带直向穿过带扣系于腰间，其佩带方法和位置都一目了然。可见用带扣佩刀和用璏佩剑一样，这样刀在腰带上移动也很方便。不过从画像来看其佩刀的刀柄向后，这样可能会使抽刀时不是很顺手，或许这别有深意，不过不管怎样，我们已然知道了其佩带方法。另外带扣佩刀法可能在汉代，或是西晋的时候开始出现，在很大程度上它是佩剑法的一个变异，这种佩法与璏式佩剑法一样，是中原地区特有的方法。

另外一种佩刀的方法为双附耳悬挂法。所谓的双附耳悬挂法是由古波斯（即如今的伊朗）传入中国。而双附耳即刀鞘上装有两个带穿孔的鞘耳，佩带时一长一短两根皮带一头系于鞘附耳的孔内，另一头系于腰带上。一般固定系于附耳的一头，而系于腰带的一头有的装带扣，有的也固定在腰带上，用这种方法佩刀，不仅能使刀保持一定的倾斜角度，而且在人进行较为剧烈的运动时也能保持固定不变的位置，因此是比较合理的佩带方法。据考证，古波斯出现这种方法是在5世纪前后，随后在不久就传入了中国，现已出土的年代最早的双附耳刀鞘，是在南北朝后期北周的墓葬中发现的，时间约在公元560年前后，而之后出土的张盛墓白瓷武俑也可以见到这种双附耳刀鞘和佩带形式，另外前面所提到的日本正仓院收藏的唐样大刀便是一种典型的双附耳刀鞘。双附耳佩刀法在传入中国后又从中国传入了日本，因其佩带的科学性使得其到后来成为一种刀剑类兵器的唯一佩带方法。

另外，说到刀人们就会想到雄浑、豪迈、勇猛这些名词，的确这些都是刀在人们心中的形象。俗语说："剑是君子所佩，刀乃侠盗所使。"其实这并不能说明剑就比刀高贵很多，因为王公贵族佩刀的比比皆是，而很多文人墨客也写下了很多咏刀的名句，如："谒帝向金殿，随身唯宝刀。"（唐·岑参）"离魂莫惆怅，

看取宝刀雄。”（唐·高适）“酒后竞风采，三杯弄宝刀。”（唐·李白）“徒倚三层阁，摩挲七宝刀。”（唐·李商隐）

刀虽然也是战场上的常用兵器，并且在一定时期还是身份和地位的象征，但是在民间，刀和剑的价值认同差别还是很明显的。如就有人专门研究过武侠小说名家古龙的著作，发现在古龙笔下，那些侠客们大都是使刀而很少有用剑的，如小李飞刀，萧十一郎、傅红雪、丁喜、姜断弦、花错、朱猛等人，他们所使用的兵器都是刀。的确，如果我们头脑中出现一群大漠豪杰的形象，那么他们所使用的武器必然是刀，而不是剑，由此可能相对于剑来说，刀更加平民化一点儿。

另外刀和少数民族之间也有着十分深厚的文化渊源。这里仅以景颇族为例。景颇族主要聚居于云南省德宏傣族景颇族自治州境内的陇川、盈江、潞西、瑞丽、梁河等5个县、市；部分散居于耿马、腾冲、泸水、孟连、昌宁、勐海、隆阳等县（区）。

景颇族素以刻苦耐劳、热情好客、骁勇威猛的民族性格著称。长期生活在山区的景颇族男子爱刀如命。他们刚一出生，外公、外婆就会赠送一把精美的长刀，从此和刀结下不解之缘。在清代之时则明确记载了刀已经成为景颇族男子所使用的武器。光绪《永昌府志》载："野人，居无屋，多者茅棚，好迁移。赤发黄睛，以树皮，毛面为衣，掩其脐下。首戴骨圈，插野难毛，缠红藤，执钩刀大刃，猎捕食兽，食蛇鼠。"《镇康县志》载："野夷老元，南区，蚌孔，稀蓝子山有二十居家，性强悍好斗。男子常佩半鞘刀子一花春袋，头养长发，挽髻，耳穿洞，好含大烟、芦子。"

自长刀传入后，景颇族不仅将其当作武器，而且还把它作为生产工具，甚至把它作为避邪消灾的工具和婚嫁的礼器等，最终使得刀成为其民族特征的一部分。他们以佩带长刀为美，刀不仅是个性的装饰，也是生产的工具，还是男女定情的信物。在很多景颇族的重大节日里，刀都扮演着举足轻重的角色。

小结

本章讲述了刀从农业工具到武器的历史演变过程，从原始社会的作为劳动工具的石刀、骨刀到作为战争武器的刀，它本身的发展和各个历史时期金属的材质和锻造工艺有着密切的关系。同时在古代社会，在特定的时期，佩刀也是彰显主人身份的重要标志。

通过对刀的佩带方式的研究，也可以了解到地域和区域文化对刀的发展的影响。

第五章　戈

一、大动干戈——戈与战争

戈在中国出现很早，而且十分具有代表性，我们如果对“战”的繁体字“戰”稍加注意，就会发现它最突出的一点就是其中有戈的存在，这也可以想象到在古代的战争中，戈和战争是紧密相连的，有战争就有戈的存在，因此在一定的意义上，戈就代表着战争。如在《左传》中就有“止戈为武”的说法，类似的还有“止戈兴仁”（《三国志》），“止戈散马”（《北齐书》）等。而“干戈”也是兵器的通称，同样也象征着战争，这种说法最早见于《诗经》，在这里“干”就是“盾”的意思。后世如李后主的“几曾识干戈”也同样有这样的意义。而“大动干戈”“枕戈待旦”“反戈一击”等等这些成语更是现代汉语中的常用语。另外细心的人可能还会发现，只要是以“戈”为偏旁的字几乎都和战争与杀戮有关，如“战”“戎”“戮”“戡”“武”等都和戈有着一定的关系。

其实，戈在古代中国的兵器史上流传的时间并不

戈

是很长，甚至可以说寿命很短，在2000多年前的汉朝，戈已经不再是实用的兵器了。戈的历史虽然短暂，但是对于中国的历史和文化却有深远的影响。

戈作为长兵器之一，曾与矛并存。在历史上出现的时间很早，据研究人员考证，最早在新石器时期，已经出现了最为原始的戈，这一时期的戈被人们称之为“石戈”。据兵器专家分析，这种石戈很可能是从原始社会人们在日常的生产和生活中所使用的石镰发展而来的，不过在当时这种石戈还是相当粗糙的。随着青铜时代的到来，真正用于大规模战争的青铜戈终于出现，如在《尚书·牧誓》中就有“称尔戈，比尔干，立尔矛，予其誓。”大概的意思是说：举起你们的戈，排列好你们的盾，竖起你们的矛，我们来宣誓。从这些文字中可以看到戈在当时战争中的重要地位。目前中国考古发现的最早的青铜戈，是在河南偃师二里头遗址中发现的。对于这个青铜戈的具体历史时期，目前尚未做出定论，有的专家认为是夏代，有的认为是商代早期。不过从这个目前发现的最早的青铜戈来看，其制作的工艺技术已经达到了相当的程度，可见这绝非是中国古代最早出现的青铜戈，据此推断，也许在夏代的时候就已经出现了这种青铜戈，不过这些都需要进一步的考证。

戈的杀伤部是横向的戈头，含有锐利的锋和双面刃的“援”，戈头和“柲”是戈最为重要的两个部分，“柲”即柄，戈柲的长短略有不同，出土文物显示，最长的柲可达 3 米。另外还有冒和镦，冒是安装在木柄下方的铜饰，而镦则是安装在木柄上方的铜饰。另

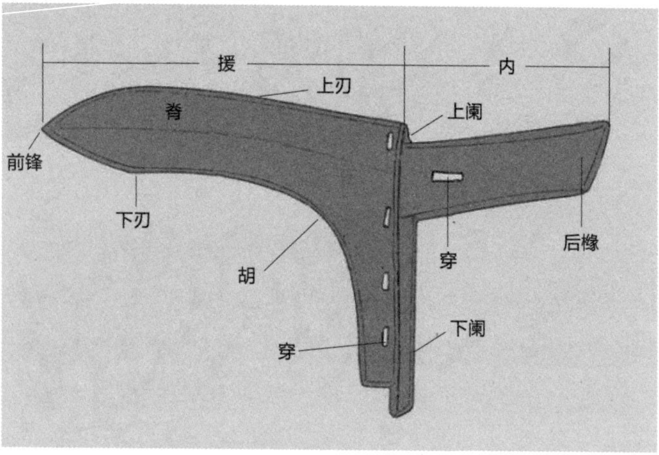

戈的组成

外戈的各个部分都有自己的名字,钩啄的部位叫“援”,援的尾端有伸出的部分,是为了防止援在打斗中脱落,这一部分叫“胡”,装柄的部位叫“内”,在胡和内上都有孔,用来穿上绳子固定戈的头部,这些孔也有自己的名字,叫“穿”。

戈盛行在以车战为主要作战手段的古战场上。在当时,每辆车上一般配备三个人,主将在左边,手持弓箭,戌兵在右边,持戈,而在马车中间的为驾驶马车的人,在战车前方有牵引的马,当战车冲锋时,两车相错,而车速又较快,这时候用戈横扫过去,会直接钩杀和啄击到对方士兵,攻击力极为强大。因此从战车上与敌格斗的角度来看,用戈要比用矛有利得多。当然矛的作用也十分重要,比如跟在战车后面的步卒,主要武器便是矛。

戈之所以具有十分重要地位的原因,更多的是在于在战场上那些贵族和将军们都是乘坐着战车进行战斗的,而他们最为喜欢和称心的长兵器便是戈。这在一定程度上可以说是武器因主人而显得尊贵,因而戈和矛的高下地位是完全不能同日而语的。不过随着战车在战争中的逐渐消失,戈也从此退出了战争的舞台,不过其在文学以及传统文化上的地位却得到了保留,甚至还得到了提高。

二、由戈到戟

戈出现不久，就出现了戟，即戈和矛的结合。从兵器本身的角度来看，戟的功能比较齐全，在当时可谓是一种较为先进的武器，但是戟在历史上存在的时间也不长。

戟主要是以矛为主体，并在矛的基础上吸取了戈的一些特点，进而产生出来的一种新式的兵器，也正是在这个意义上，戟可以称之为戈和矛的综合体。目前发现的年代最早的戟出土于中国河北藁（gǎo）城的商代遗址中，属于铜兵器，造型也比较奇特，即把戈和矛一起装在一个长木柄上，可见在这一时期刚刚出现戈和矛的融合，随后经过无数次的改进，到了西周之时，才出现了戈矛合一的真正意义上的戟。此时，戟被分为两种形态，一种突出矛的作用，即造型上以矛为主，然后在旁边再加上横刃，这种戟在刺杀的时候更占优势；另外的一种以戈为主，主体呈“十”字形，不过因为这种戟形体过于单薄，而且十分容易折断，

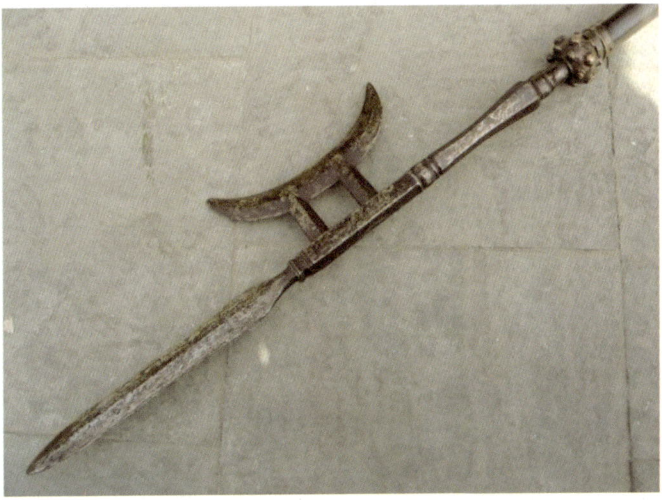

戟

因此不太适合出现在实战中，多用于仪仗，属于装饰类兵器。

到了春秋战国之时，虽然一体的戟已经发展起来，但是在战斗中仍然大量使用由戈和矛组合而成的戟，因为这种青铜戟直刺十分有力，而且在战斗中横钩不易脱落，甚至于有的戟还在长柄上端多装了两到三个戈头，如在湖北的曾侯乙墓就出土过长柄三戈戟，而多戈头的使用，使戟在战场上的杀伤力直线上升。

到战国末期的时候，随着冶铁技术的发展，由铁所铸造的戟也随之出现。因为铁的质地要比青铜坚

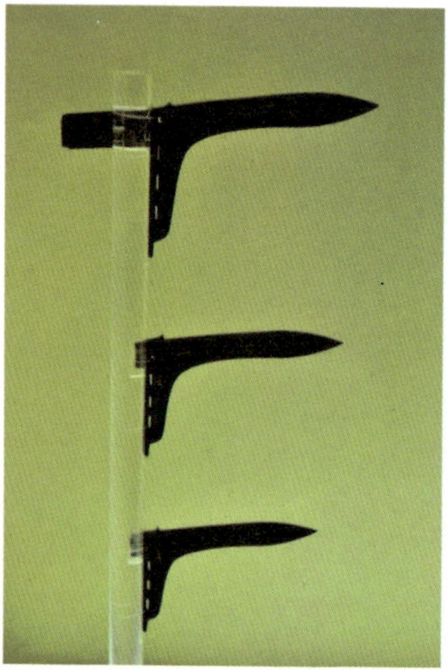

曾侯乙墓长柄三戈戟

卜字铁戟

韧，因此用铁铸成的戟，它的刺更加尖锐。而戟的外形也有所改变，首先是戟下侧垂直伸出的援已经由以前的宽钝变得十分的窄尖，而与援对应的部分则被取消，用较长的胡来缚柲，进而戟的外形也由以前的“十”字形变成了“卜”字形，因此这一时期的戟也被称之为“卜字铁戟”。

在西汉的时候，“卜字戟”是军队的主要作战兵器。而到了西汉以后，戟上横出的刃逐渐向上弯曲，而到了东汉以后，又折而向上，进一步增强了插刺的功能，而之前的“钩”和“啄”的功能已经被逐渐取消。

到了三国之时，戟的种类不断增加，具体有长戟、双戟、手戟等。长戟、双戟的戟柄较长，戟身很重，但是杀伤力惊人，而手戟的戟柄较短，使用的时候既可以刺杀又可以投掷。

从晋朝开始，因为铠甲的制作工艺得到了很大提高，在坚硬的铁甲面前，戟的杀伤力已经开始大打折扣，随后戟的地位逐渐被枪所取代，但戟却并没有从历史中消失，而是取得了更高的地位，成为一种礼兵器。如在唐代就有规定在官吏出征之时，要用戟作为仪仗，不过这时的戟通常是用木头所制，已经不再具有任何杀伤力。并且在当时不是任何官员都可以使用

唐李寿墓 列戟图

戟的，而是帝王所在的陵庙宫殿以及三品以上的高级官员的公府门前才可以列戟，同时还规定了列戟的多少用以代表官员的身份，可见在当时戟已经成为一种身份和地位的象征。

三、战争与和平——化干戈为玉帛

“化干戈为玉帛”出自西汉刘安的《淮南子·原道训》，原文为：“昔者夏鲧作三仞之城，诸侯背之，海外有狡心。禹知天下之叛也，乃坏城平池，散财物，焚甲兵，施之以德，海外宾服，四夷纳职，合诸侯于涂山，执玉帛者万国。”

其实这段话讲的事情和大禹关系密切。熟悉中国历史的人都知道，尧、舜、禹都是通过禅让而得到无上的地位的，而大禹便是受舜的禅让而继位，他也是中国历史上第一个朝代——夏朝的奠基者。大禹是氏部落首领鲧的儿子，据传为颛顼曾孙。他在年幼的时候便随鲧东迁，来到中原。其父鲧被帝尧封于崇，位于现在的嵩山附近。恰逢当时中原水灾频发，帝尧便命鲧去治水。据《史记·夏本纪》记载，鲧总共用了9年的时间去治理洪水，但是9年过去了，洪水之患依旧没有得到平息。在这期间帝尧发现了另外一个有大才之人，那就是舜，于是舜便被提拔重用，并代理执行天子的职务，按时巡行视察各地诸侯所守的疆土。舜在巡行过程中发现了鲧治水久而无功的情况，于是在羽山诛杀了鲧，而诛杀鲧这件事情天下之人都认为舜处理得十分恰当。随后舜选拔了鲧的儿子禹，任命他继续从事鲧的治水事业。大禹上任之后，为平定水患劳身焦思，居外 13 年，三过家门而不入。他忠于职守，克勤克俭，身先士卒，埋头苦干，终于平息了洪灾。不仅如此，大禹还功成不居，好让不争，谦卑自律，责躬罪己，仁厚爱民。以前，大禹的父亲鲧在自己的封地上建造很高的围墙来保卫自己，导致自己

大 禹

属下的部落及族人纷纷离他而去，也使得其他部落的人认为有机可乘，都虎视眈眈地等待着机会来侵略他们。而大禹当上首领后，注意到了这个情况，就马上派人拆掉了围墙，填平了护城河。不但如此，他还把自己的财产分给大家，毁掉兵器，以道德来教化人民。大禹带领部下，因地制宜，教民众学种稻谷、种杂粮，发展农牧业生产。这时候天下安定，国富民强，老百姓家里集聚了够好几年吃的粮食，国库中的贮备也足够用好几十年。大禹带领整个部落的人都各尽其责，其他部落相继来归附。大禹在涂山开首领大会时，来进献玉帛珍宝的首领有上万人。舜也觉得大禹是一个能够治理天下的贤能之人，就在退位之后把帝位禅让给了大禹。

以上的故事便是“化干戈为玉帛”的来历。其实“干戈”原本是两件十分古老的兵器。干是防护器具，即盾牌，而戈是战争兵器。《山海经·海外西经》中记载的古老神话故事中刑天所使用的武器就有干，而晋代大诗人陶渊明还据此写下了“刑天舞干戚，猛志固常在”的诗句，可见在传说时代已有干。最初的干是木制的，如台湾高山族过去使用的原始盾牌，就是用长方形的木板制成的，上面绘有各种图案花纹，久而久之，他们又将坚韧的兽皮蒙在盾面上。而云南德宏景颇族过去也有蒙上猪皮的木盾。但是因为木质的东西和兽皮都十分不容易保存下来，所以考古中也没有发现原始的盾牌。但是在殷墟的墓葬中曾发现过盾牌残迹，从残迹上可以看到那是用木材做成长方形框架，再蒙上皮革，涂上漆，有的还画有一定的图案。至于戈，它起源于新石器时代，一般认为是由镰刀类的工具演化而来的。如在陕西龙山文化遗址就曾出土过三件玉戈，其中一件玉戈的料呈深绿色，局部有灰白色沁，长 29.2 厘米，最厚处 0.6 厘米，体扁锋尖，援两侧略

玉 戈

向内收，有一穿孔，两侧有台阶形落差。而这也是迄今为止考古发现的最早的玉戈。陕西龙山文化是黄河中游地区新石器时代的晚期文化，其年代约为公元前3300年至公元前2000年之间，与良渚文化相当。

商代“妇好”墓出土有青铜戈，其形制与玉戈相似，可见青铜戈和玉戈之间有一定的演化关系。另外商代的青铜器上也有手执干戈的步兵形象，这证明干戈是部队最早的标准配置，也因为这个原因，“干戈”一词后来就被用来泛指兵器，甚至代指战争。

青铜戈

这里要提一下战车，如商代后期的战车便是把马车和青铜戈结合在一起所产生的。安阳小屯宫殿区的车马坑曾发掘出典型的战车，车上一般安排3个人，各有一套兵器：第一套兵器有弓箭、箭筒和铜戈、石戈各一件。箭筒内装有两组箭，每组10枚，不过现在仅能看到箭镞，一组是青铜镞，另一组是石镞。第二套兵器有弓箭、箭筒、铜戈和一柄护身的青铜羊头刀。第三套兵器只有石戈一件和青铜牛头刀一柄，因为这套兵器的主人是御者，所以他的主要的任务是御马驾车，而不直接进行战斗，只有前两套兵器的主人才是战斗人员。这样的一辆战车称为一乘，而因为战车具有速度快、冲击力强等优势，使得战车很快地成为青铜时代的主力部队。也正如此，在那时候，衡量一个国家的强弱通常的标准便是看这个国家所拥有战车的数量，因此才有了“千乘之国”和“万乘之国”的说法。而到了秦末汉初，骑兵的广泛出现使得战车逐渐退出了历史舞台，而戈也逐渐从战争中消失。

而玉帛，则是指瑞玉和缣帛。它们是古代祭祀时使用的珍贵物品。在古代，祭祀是人与天地、祖宗、神灵沟通的重要途径，因此祭祀时所用的物品都是十分重要和珍贵的。因为玉帛是两种东西，所以对于玉帛还有一个专门的称谓即“二精”，意思就是这两样东西都是物品中的精品。可见玉和帛最早都是用来祭祀的，后来随着生产力水平的不断发展，才走入人们的日常生活。

了解了干戈和玉帛的知识，我们再回到主题上来，其实“化干戈为玉帛”这句话在古代中国经常使用，是用来说明交战双方议和会盟的常用语，因此这对于交战的双方来说都是十分重大的事情，而处理重大事务的时候，从前文的介绍中我们可以知道，是离不开一些贵重的物品的，因此交战双方会把会盟商量好的决议撰写在玉帛上，从这个意义上，玉帛已经成为两国之间和平相处、友好往来的见证，而这样重大的事情，更是要举行庄重的仪式，向天地神灵以及祖宗汇报。因此，“化干戈为玉帛”这句话便从古代一直流传到了今天。

由此也可以看出，中国自古以来就是一个爱好和平的民族。虽然在漫长的历史发展中也屡次经历战乱，但是和平一直是中国人心中最为迫切的愿望。这个愿望从古到今，一直都没有改变。

当今社会，和平与发展已经成为时代的主题，而中国也依旧在为世界和平做着自身的努力，不断以自身的和平发展来带动地区和区域的经济和社会发展，成为维护地区和平稳定、促进地区繁荣的重要力量。

而中国以和为贵，坚持和平发展的形象也越来越得到世界其他国家的认可和称赞。

小结

本章讲述了戈的历史，从戈字本身就可以看出，戈是因战争而生的一种武器，因此在古代的战争中，戈和战争是紧密相连的，在一定的意义上，戈就代表着战争。同时戈作为长兵器之一，曾与矛并存，盛行在以车战为主要作战手法的古战场上。另外在古代中国的兵器史上，戈流传的时间并不是很长，甚至可以说寿命很短，因为在2000多年前的汉朝，戈已经不再是实用的兵器了。戈出现不久，就出现了戟，即戈和矛的结合。从兵器本身的角度来看，戟的功能较齐全，在当时可谓是一种较为先进的武器，但是戟在历史上存在的时间也不长，因为从晋朝开始，铠甲的制作得到了很大的提高，因此在坚硬的铁甲面前，戟的杀伤力已经开始大打折扣，随后戟的地位逐渐被枪所取代，但戟却并没有从历史中消失，而是取得了更高的地位，成为一种礼兵器。如在唐代就有规定在官吏出征之时，要用戟作为仪仗，不过这时的戟已经不再具有任何杀伤力，通常是用木头所制。而戈的文化内涵不仅如此，如“化干戈为玉帛”这句话便从古代一直流传到了今天，在这里戈已经是战争的代名词，另外这句话也凸显了中国人民热爱和平的本性。

第六章　剑

一、剑的历史

说到剑，大家一定会想到一把赫赫有名的剑，那就是“轩辕剑”。据传，这把剑是轩辕黄帝采集首山之铜时所铸，威力惊人。加上现在众多的影视作品、小说故事和网络游戏中经常会出现过这把剑，因此这把剑的知名度越来越高。实际上，了解这把剑具体来历的人并不多，如果有人细究轩辕剑的历史，就会惊讶地发现，在上古的传说中根本找不到轩辕剑的影子，而最早提到轩辕剑的文本也已经到了明清之际，明人李成勋在其所著的《名剑记》中第一次提及“轩辕剑”这三个字，他所依据的典籍是《广黄帝东行纪》，但真实的情况却是历史上根本就没有这本书，不过有本和《广黄帝东行纪》相似的书叫《广黄帝本行纪》，那么是李成勋自己写错了还是后人抄书的时候抄错了，现在已经无法考证。即使是在《广黄帝本行纪》中，也仅提到轩辕黄帝采集首山之铜铸鼎，并没有提及轩辕黄帝铸剑之事，由此我们可以推断，轩辕剑很有可能是明人李成勋虚构出来的一把剑，在历史上它并非真实存在。

在了解剑的历史之前，我们要先对剑本身有个大概的了解，知道剑的各个组成部分及其功能。从大的范围来讲，剑属于短兵的一种，手持和佩带都可。从构成上来讲，剑主要分为两个部分，剑身和剑柄。剑身可分为剑刃、剑锋、剑脊和剑颚四个部位。剑身主要指剑有锋刃的部分，从外形上看剑身长而直，两侧出刃，刃延伸到剑的前端与剑尖相聚而成锋，剑身中间凸起的部分被称为脊，脊与刃之间的坡面叫作从。剑身与护手间的铜片被称为剑颚，它的作用是防止剑鞘滑落、格挡来剑，也可起到美观的作用；剑柄又被称为剑茎、剑把，一般有圆形和扁形两种，它可分为剑首、剑柄和剑格。剑首又叫剑头，指剑柄的顶部装饰，它的作用主要是平衡重心，另外也有装饰的作用。剑柄主要指人们用手握剑的地方。剑格即人们通常说

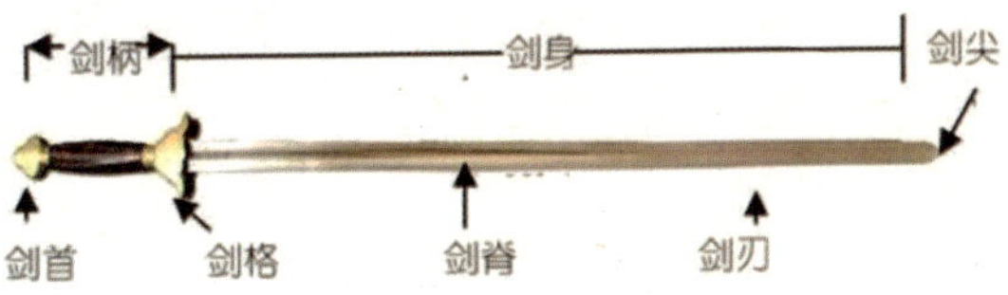

剑的结构

的护手，指剑身与握柄之间的突出部分，主要为了防止两剑相格后握剑的手受伤，另外还可防止剑刺出后，手滑到剑刃上受伤。当然还有剑鞘，不过剑鞘比剑出现的时间要晚，大约在西周晚期才出现，剑鞘是保护剑身的硬套。

剑鞘一般分为鞘口、护环、剑镖、铭牌等部分。鞘口主要为了防止剑鞘入口出现崩裂而配置。护环一方面是为了保护剑鞘，以防止剑鞘出现变形、崩裂；另一方面也是为了方便挂配和系腰。剑镖则是为了防止剑鞘底部触碰到其他东西受损，当然也可以用来作为武器攻击敌人。铭牌则没有太多的实用性，主要是

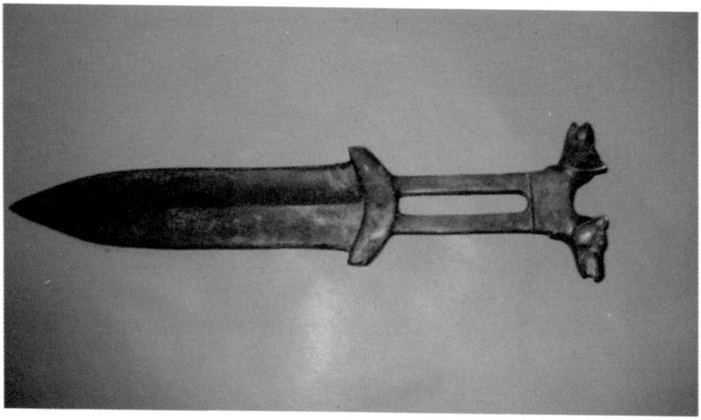

铜 剑

为了方便写一些文字在上面，如剑名、功绩之类等。

回顾剑的历史，我们可以看到剑在中国古代的兵器中出现得相对较晚，据相关史料记载，直到商代的时候，剑才由矛头演变而来，最初的材质为铜，长度较短，形状酷似柳叶。

到了周代，由于铜锡比例的确定，剑的铸造技术得到了一定的发展，剑逐渐开始作为兵器出现，这一点在现在的考古发现中得到了很好的证明，如陕西长安张家坡的古代墓葬中就发现了一柄外形如柳叶的剑，随后又在北京和陕西宝鸡发现了其他外形相似的铜剑。通过这些出土的铜剑，专家们发现他们有一个共同的地方，即其长度都不超过 30 厘米，这样剑的杀伤距离就很有限，由此可推断出，剑在当时的战争中很有可能仅当作自卫的武器来使用，而这种推断也恰好吻合了当时的战争形式，即战争以车战为主。当两军对垒之时，双方先使用远距离的弓箭相互对射，然后在双方的战车接近后，战车上的士兵使用长武器如戈、矛等进行战斗，在这种情况下作为短兵器的剑是很难发挥作用的。

不过到了春秋之时，以车战为主的作战方式发生了很大的变化。这一改变，与当时的社会环境有很大关系。因为周王朝的衰落，各个诸侯国之间展开了激烈的争权夺利的斗争，这期间中国的南北方都曾涌现出霸主级别的君主，这也使得南北方之间的战争接连不断，而南方地理位置的特点是水源丰富、河渠众多，不利于发挥战车的优势，在这种情况下，步兵作战的灵活性就显露了出来，于是步兵作战逐渐取代了车战。而剑由于既轻便灵活而又便于携带，于是被作为步兵的主要武器之一，在战场上得到了十分广泛的使用。特别是生活在中国南方的吴国和越国，因为意识到剑作为兵器的重要作用，所以吴越的铸剑水平在当时远远超过了其他地方，被称为“宝剑之乡”。另外这一时期剑的形制也发生了很大的变化，增加了脊柱，使得剑身得到了很大的延长，如湖北江陵望山一号楚墓中出土的越王勾践所使用的剑，全长达到了55.7厘米。剑的长度的增加，使得剑的杀伤力得到了极大的提高。

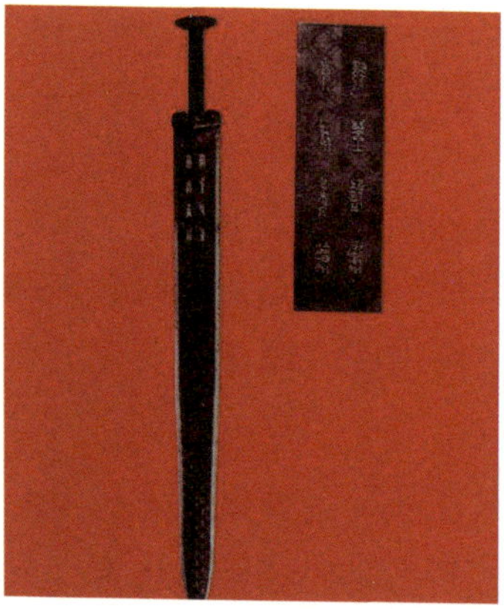

勾践用的剑

进入战国之后，由于铁的出现和使

用，古代兵器在这一时期发生了巨大的变革，各类铁质兵器不断出现。讲到这里，必须提到一位极富传奇色彩的铸剑大师，他的名字叫欧冶子，主要活动时期为春秋末期到战国初期，是当时的越国人，莫邪是他的女儿，而当时极负盛名的另外一位铸剑大师——干将是他的女婿。据《越绝书》记载，因楚王要求欧冶子给他铸造宝剑，于是欧冶子便和干将一起跋山涉水，寻找合适的铸剑地点和铸剑材料，最后，他们来到了龙泉的秦溪山旁，在这个地方，他们发现了两棵千年的古松，更神奇的是古松下如北斗七星般地排列着七口井，而且井里的水既清澈又冰冷无比，是难得一见的寒泉，于是便找来其他铸剑的材料，在此铸剑，最终铸成了“龙渊”“泰阿”和“工布”三把名剑，据说，龙渊剑是中国历史上的第一把铁剑。

随着铁剑的出现，剑的长度被不断地加长，因为铁不论从硬度还是韧性上，都比青铜要好很多。可能很多人都知道《荆轲刺秦王》的故事，荆轲在刺杀秦始皇的时候，秦始皇接连拔剑好几次，都没有把自己的佩剑从剑鞘中取出来，最后还是侍从的提醒，秦始皇才把剑推到背后拔了出来，然后用剑砍伤了荆轲，最后侍卫们冲上去杀死了荆轲。这段历史，在西汉史官司马迁所写的《史记》中有详细的记载。这里暂且不提其他，而把视角放在秦始皇的这把剑上。因为当时秦国有着具体的法律规定，对于上朝的臣子们来说是不可以携带任何兵器的，而带有兵器的侍卫们，也只能守在大殿的外面，没有命令不得入内，在这种情况下，那么大殿上有武器可以反击荆轲的只有秦始皇一个人。上面已经提到，秦始皇的剑在当时很难拔出来，于是很多人认为司马迁的这个记载有误，而之前很多的历史学家也有这个困惑，不明白为什么秦始皇不能拔出剑来，因为我们上面也提到了，对于青铜剑来说，都不会太长。但是在 1974 年，考古人员的一个发现使得历史学家的困惑顿时消失了，因为考古人

荆轲刺秦王

员在秦始皇兵马俑中发现的所有青铜剑，其长度都在81 ~ 94.8 厘米之间。可见，如果秦始皇所用的剑为青铜剑的话，其长度也接近 1 米，在情急之下难免拔不出来，而如果是铁剑的话，则可能长度更是超过了 1 米，拔出来就更加困难。那么问题又来了，为什么要把剑铸造得这么长呢，这一点，古代兵器专家们给出了解释：在用长兵器相互战斗的时候，刺的威力相对于砍来说更大。于是，一切都真相大白了，因为如果把剑身加长，那么在双方对敌的时候，长剑就更容易刺中对方。

再次回到剑的历史，其实在铁剑出现之后，作为步兵主要兵器的青铜剑并没有被取代掉，青铜剑在当时的军队中仍然被大规模使用，直到秦朝末年楚国军队率先装备了工艺先进的铁剑，顿时威震四方，才使得铁剑在各国的军队中越来越普及。

在西汉初期的时候，剑的地位进一步得到提高，不仅在军队中被广泛使用，文武百官也都盛行佩剑，在《晋书·舆服志》中就有这样一段话：“汉制，自天子至于百官，无不佩剑。”足见当时人们对于剑的喜爱。

不过由于战争形式的改变，当骑兵成为主要的作战力量之后，刀相对于剑来说更适合挥劈砍杀。而且到了汉的时候，由于军队中铠甲得到了很大的发展，所以剑的杀伤力大大下降，因此，在西汉中期以后，剑作为兵器的地位已经大大下降，到了晋以后，就已经不再把剑作为武器装备军队，不过文武官员佩剑现象依旧存在。《武经总要》作为一部汉族军事著作，就很明白地写到了这一点：“古之言兵者必言剑，今不用于阵。”“阵”在这里即“战场”的意思，由此也道出了剑作为兵器的辉煌和没落。

二、刺客与剑

刺客，最初并没有一个专门的职业划分，而是一群为了大义而甘愿舍弃自己宝贵生命的人。然而到了春秋战国之时，由于各诸侯国战乱不断，刺客刺杀行为已经成为一种隐秘的政治博弈的手段和战争手段，虽然刺杀行动总是鲜为人知，但是一次成功的刺杀，其效果在很多时候比大规模的军队作战更能扭转乾坤，这也是为什么在春秋之时，涌现出了那么多著名的刺客的原因。

《辞海》中给“刺客”的解释是：“怀挟兵器进行暗杀的人”，这个解释算很中肯地写出了刺客的两个特点：第一是深藏兵器，第二是进行暗杀。至于为什么要这么隐蔽地去杀人，其实这是由刺杀对象决定的。一般来讲，刺客的刺杀对象都是有一定身份地位之人，所以如果通过正常的手段连接近都很困难，更不用说去刺杀，因此只能通过隐蔽的手段去行刺。这样一来，刺客刺杀所使用的兵器就不能太长，另外，刺客所用兵器要十分锋利，这样才能做到一击必杀。

刺客对于武器的要求，在当时的青铜剑上恰好得到了满足。虽然剑发明的初衷是朝着既能刺又能砍的方向去的，但是由于铜材质地较软，所以最初的青铜剑剑身都很短，而质地又薄而脆，基于这些原因，当时的青铜剑只能以刺为主，这也是为什么青铜剑在当时被人们称之为“直兵”的原因。

通过以上的介绍，我们已经明白，刺客和剑的结合，在当时来说，可谓历史的必然。也正基于这个原因，历史上涌现出了许多著名的刺客和名剑，专诸和鱼肠剑便是其中的一例。

先说说鱼肠剑，据《越绝书·外传记宝剑》记载，除了上面讲的楚王让欧冶子铸剑外，史上赫赫有名的越王勾践之父允常也曾让铸剑大师欧冶子为其铸剑。欧冶子受命后在闽、浙一带遍寻绝佳的铸剑之地，最终找到福建松溪县的湛卢山，看到此地矿产多、山泉凉、植被密而又少有人来，于是决定在此铸剑，最终为越王允常铸成五把赫赫有名的宝剑，分别为湛卢、钜阙、胜邪、鱼肠、纯钧，而鱼肠剑便是其中最短的。

至于这把剑名字的来历，有这么两种说法，一说因为此剑剑身上的花纹如同鱼肠一般，所以被形象地称之为鱼肠剑。不过这里的“鱼肠”并不是指鱼身体

鱼肠剑

里的肠子，而是指将一个生鱼烤熟，剥去它的两肋后，看到的鱼肠，就犹如剑身上的纹路，故而得名。一说此剑异常短小，可以沿着鱼口放进去，并将整把剑放入鱼的肠中隐藏起来，因此得名鱼肠剑，此外也有将其称呼为“鱼藏剑”的。

据传鱼肠剑铸造好后，越王十分开心，便请了一位相剑的大师来点评此剑，大师看了鱼肠剑之后，一脸严肃地对越王说：此剑逆理不顺，不可服也，臣以杀君，子以杀父！越王听了后也觉得这把剑不祥，便把此剑献给了吴王，而吴王得到此剑后，又把此剑赏赐给了公子光。于是，鱼肠剑便落到了公子光的手里。说到公子光，大家也许不知道是谁，其实他就是历史上赫赫有名的吴王阖闾，他曾拥有过湛卢、胜邪、鱼肠这三把宝剑。也正是依靠着鱼肠剑，公子光才在吴国的政治斗争中胜出，成就了一番霸业，把吴国推向了历史的巅峰，这其中涉及了一个重要的人物，他的名字叫专诸。

专诸是春秋时期吴国棠邑的一个屠户，好行侠仗义、打抱不平，经常与人打架斗殴。一天，伍子胥因为楚平王的追杀一路逃亡来到棠邑，刚好看到专诸与一群人打斗，只见专诸怒发冲冠，势不可挡，而此时，专诸的妻子正好跑过来叫他回家，这专诸竟耷拉下脑袋和妻子一起往回走。伍子胥不解，就上前问专诸，说你这么勇猛的人怎么会怕女人，专诸很认真地告诉他，能屈服于一个女人的人，才能伸展于万夫之上。伍子胥听了之后倍加感慨，认为专诸是一个值得深交的人，于是便和专诸结为了好友。

随后，公子光知道伍子胥逃亡到了吴国，就以宾客之礼接待了他。为什么公子光会这么热情地对待伍子胥，其实这是有原因的。公子光的父亲是吴王诸樊，诸樊有三个弟弟，最小的一个叫季子札，因为季子札十分贤明，所以诸樊想把王位传给季子札，但又怕他不肯接受，于是就不立太子，把王位依次传给自己的弟弟，这样他认为王位最终会落到季子札的手里，但是现实却不是这样，季子札不愿意接受王位，于是王位被诸樊三弟的儿子僚继承，这让公子光很不甘心，因为公子光认为如果季子札不愿意继承王位的话，王位应该由自己继承，所以公子光就在暗中积蓄力量，准备夺回属于自己的王位，而这就是公子光热情地对待伍子胥的原因。

也正是在这样的背景下，伍子胥给公子光推荐了专诸，随后专诸在公子光这里受到了上宾的待遇。到了公元前 514 年，也就是吴王僚十三年，因为楚平王去世，楚国国内有所动荡，这在吴王僚看来，是吞并楚国的一个大好时机，所以决定兴兵伐楚，并且为了保险起见，让自己的两个弟弟亲自带兵前往，不过令他没想到的事情是，他派出的军队被楚国断了后路不能返回。同一时间，公子光也觉得自己争夺王位的机会来了，于是便和专诸密谋刺杀吴王僚。

因为公子光知道吴王僚喜欢吃鱼，便跑去见吴王僚，对他说自己最近寻找到了一个好厨师，烤出来的鱼味道鲜美无比，无人能及，

专诸刺杀吴王僚

想请吴王僚去自己那里品尝一下，吴王僚听了后没有丝毫犹豫就答应了。

到了第二天，吴王僚在重兵的层层保护之下来到公子光所住的地方赴宴，吴王僚坐了上席，公子光侍坐在旁边。吴王僚的亲信们，手持长戈，站在其后面，力士们腰悬利刃，站在其前面，都不离王之左右。开始上菜后，上菜的仆人都必须在搜过身之后才能上前，可以说，吴王僚的防卫措施是相当严密的。

这期间，公子光告诉吴王僚说自己脚伤发作需要回房敷药自行离开。其实公子光并没有回去敷药，而是去了厨房，嘱咐专诸把鱼肠剑放入鱼腹中，进而刺杀吴王僚。

不一会儿，假扮成厨师的专诸端着一盘烤鱼上来了，经检查没有任何问题后，专诸来到吴王僚身边献烤鱼。就在那一刹那间，专诸迅速从鱼腹中拿出鱼肠剑，狠狠地刺入了吴王僚的身体，虽然吴王僚身穿重甲，但是鱼肠剑实在是太锋利了，重甲只是稍微阻挡了一下便被刺穿，吴王僚当场毙命，而专诸也被冲上来护卫吴王僚的士兵们当场杀死。

最终，公子光取代了吴王僚得到了王位，他就是历史上的吴王阖闾。之后，专诸的儿子被阖闾封为上卿，而鱼肠剑也被吴王阖闾函封，永不再用。

历史上如专诸一样舍生取义的刺客还有很多，有感于他们那种“士为知己者死”的精神，汉代史官司马迁将刺客写入《史记》，为他们列传，这便是《史记》中的《刺客列传》，该传依次记录了春秋战国时期曹沫、专诸、豫让、聂政和荆轲五位著名刺客的事迹，在传文中，司马迁赞叹道：“此其义或成或不成，然其立意较然，不欺其志，名垂后世，岂妄也哉！”大意就是说，不论这些刺客的刺杀行动成功与否，但是他们的志向意图都很清楚明朗，都没有违背自己的良心，其名声流传到后代，没有任何虚妄的地方。如同司马迁在该传中借豫让之口所说的那句“士为知己者死”一样，也许这就是刺客精神的真正内涵。

三、文人与剑

在中国古代的诸多兵器中，剑和文人结下了深厚的缘分。

文人爱剑，是有原因的。首先，剑被认为是刚直而不张扬的代表，所以被人们称为“百兵之君”。其次，在中国古代，文人不仅不是文弱书生，而且常常是文武兼修，如古代的“士”最初便和“武”有着紧密的联系，而古代对于老师的称呼“夫子”也是从“百夫长”这样的武职官名演变过来的，因此在春秋战国前，对于文人本身的要求就是文武双全，因此即便是儒家的创始人孔子以及他的很多弟子，都是文武兼备之人，所以孔子讲道：“有文事者必有武备，有武事者必有文备。”即使在随后文武开始分途的时期，文人们也会经常习武练剑，梦想着可以为国出力，最终青史留名。再次，剑可以给予文人很大的精神寄托，因为在中国古代文人心中，“修身齐家治国平天下”是其毕生的理想和追求，但是对于这样的理想，并不是所有的人都有机会实现，所以更多的时候，书和剑寄托着文人们的人生理想和价值追求。

在春秋之时，剑已经是君子之间的一种默契和承诺。春秋时吴王寿梦的第四个儿子季札（季子札）曾受命出使鲁、齐、卫、晋等国，在他出使晋国的时候，带着宝剑途中经过徐国，就去拜访了徐国国君。徐国国君在会见季札的时候，看到季札身上所佩的宝剑，便请求季札拿出宝剑让他欣赏一番。因为吴国当时的铸剑水平十分高超，所以这把剑深深地吸引了徐国的国君，徐国国君手上握着季札的剑，实在是不舍得归还给季札，想要季札把这把剑赠送给他。这一切季札都看在眼里，虽然有心把此剑送给徐国国君，但是想到自己作为使臣有出使的任务，而剑作为自己的身份象征之一，这个时候送出去不合适，于是就考虑等自己出使回来的时候一定把这把剑送给徐国国君。但是没想到季札出使任务完成，归来时到徐国，却听到徐国国君已经死在了楚国的消息，于是季札便打算将这把剑送给徐国国君的继承者。但是跟随季札出使的随行人员想阻止季札的这一做法，对季札说这把剑是咱们吴国的国宝啊，不是用来作为赠送他人的礼物的。季札听了后对随从解释道：我不想欺骗自己的良心啊，前些日子徐国国君看剑的时候，我已经在心里决定出使回来后将这把剑送给他。现在他死了，就不把剑送出，正直的人是不会这么做的。于是便打算把剑送给徐国国君的继承者，但是这位继承者也不收宝剑，因为徐国国君临死前并没有吩咐他收下宝剑。最后季札实在没办法，便把宝剑挂在了徐国国君墓边上的一棵树上，然后悄然离开。从此，关于“季札挂剑”的佳话便在各国流传开来，大家都称赞季札重诺守信的高贵品格，徐国人更是对季札的为人赞不绝口，后来就在徐国国君墓地边上修筑了一个高台，名曰“挂剑台”，

季札挂剑

以此来纪念季札。因故，后人常“挂剑”“悬剑”以追忆亡友。

事实上，剑在当时更多的是文人的一种情结。而文人们不管会不会武艺，都喜欢随身佩剑。中国最早的浪漫主义诗人屈原一生爱国，虽屡遭陷害，被驱逐、被流放，穷困潦倒中，鞋子坏了、衣服破了，但即使在这样的情况下，他手里还紧紧地握着他的那把剑，那剑里蕴含着他的理想和爱国之情，虽然这个国家曾经无数次流放自己。

不过到了秦代，文人的地位受到了很大的威胁。先秦之时各种思想的极其活跃，文人们对于秦王朝的政治状况有着各种批判，这使得秦王朝对于以古非今的文人们十分不满，进而采取了“焚书坑儒”这种粗暴的政治手段来干预文化，最终自春秋以来形成的百花齐放、百家争鸣的文化氛围到此终结，文人的地位不断下降。这种局面到了汉代才得以扭转，文人地位又不断提升，却又走向了另一个极端，重文而轻武，然而文人们也没有放弃对于剑的喜爱。《汉书》中关于司马相如，是这样写的：“少时好读书，学击剑。”而关于东方朔，也有这样的描述：“十五学击剑，十六学诗书。”文人对剑的喜欢可见一斑。另外，《汉书》还记载了一个传奇文人隽不疑。一次他应邀去暴胜之家，到了暴府门前的时候，守门的护卫想解除隽不疑的佩剑，隽不疑便十分坚定地对护卫讲道：剑是君子用来护身的武器装备，不能随便解下来。如果你一定要我解下来，那请允许我现在就离开。最后暴胜之了解到这个情况后，亲自出门迎接了隽不疑。可见，在汉代之时佩剑是坚守君子之风的表现。

到了魏晋之时，这时的文人们已经开始不被各种教条所束缚，但是对于佩剑依旧十分的喜爱。陶渊明在《拟古·其八》中写道："少时壮且厉，抚剑独行游。"鲍照在《代结客少年场行》中写道："追兵一旦至，负剑远行游。"其实，这一时期的文人更多的是把剑与侠结合了起来。一来借助侠的精神来宣泄自己内心的压抑之感，抒发自己对于独立人格的追求。二来也表达了对侠的同情和理解。

唐宋之时，剑和文人的关系更加亲密。出门远游时，他们"读书复骑射，带剑游淮阴"；把酒高歌时，他们"玉剑膝边横，金杯马上倾"；无心睡眠时，他们"忧眠枕剑匣，客帐梦封侯"；登高时，他们"蓟楼望燕国，负剑喜兹登"；困苦不堪时，他们"抚剑伤世路，哀歌泣良图"。这其中，更少不了"仗剑去国，辞亲远游"的"诗仙"李白。据传，李白是李广的后裔，从年少之时就爱好剑术，且剑术高超，他曾在诗中提到自己“十五好剑术”，另外，李白也是诗中提到剑最多的诗人，他几乎一生都与剑形影不离，以侠客自居。宋代的大学问家苏轼也十分喜欢剑，曾写道：“剑在床头诗在手，不知谁作蛟龙吼。”而与之齐名的辛弃疾更是文武双全，他一生可谓“书剑飘零”，在潦倒困苦中度过了自己的晚年。

明清之后，面对内忧外患，文人们更是借书剑来抒发自己的一腔热血和无限惆怅，如龚自珍所写道：“少年击剑更吹箫，剑气箫心一例消。谁分苍凉归棹后，万千哀乐集今朝。”

总之，得意也好，失意也罢，只要文人和剑结合了起来，就能彰显出一身的傲骨和不甘向命运屈服的倔强，那一时刻，剑，已然成为文人之心。

四、佩剑和礼仪

在中国古代，有身份的人都会佩剑。起初佩剑仅是作为防身兵器，关于佩剑也没有太多的讲究和要求，但是随着不同身份和地位的人都开始佩剑，使得剑本身以及剑的佩带方式有了相应的变化，甚至出现了专门用作配饰的剑。

一般来讲，佩剑方式以悬于腰间的比较常见。最初的剑身较短，佩带的时候也就比较简单，即在剑首设一圆环，然后用绳穿过圆环后直接系在腰间。到了西周时期，剑的长度不断被加长，加之晚些时候剑鞘的出现，佩剑的方式开始发生了一些变化。这个变化主要体现在剑鞘上，即在剑鞘上设计了护环，这样一来剑的挂佩和系腰就十分方便。这一时期的佩剑方式，有的会佩在身子的一侧，有的则会挂在身子背后。最初，系剑用的绳子一端会固定一颗珠子，这样系腰就十分方便，可以把珠子塞到腰带里，取剑的时候拔出珠子就好。但是珠子系剑容易脱落，而且腰带放入珠子人也不舒服，于是珠子就慢慢被剑钩所取代。剑钩一端固定于剑鞘上，另一端可勾住腰带。到了春秋之时，出现了剑璏，剑璏即剑鼻，璏的一侧有长方形穿孔，可以直接穿过腰带。璏最初的时候非常实用，正面看上去像长方形，镶嵌在剑鞘的上面，背面留有孔，便于腰带穿过，以用来把剑固定在腰带上。当剑璏发展到玉剑璏的时候，更多的是一种权力和地位的象征，已经属于玉具剑的范畴。在此之后，佩剑的方法越来越繁博，不过依旧以把剑悬于腰间为基本形式，而变化更多的是悬挂在剑鞘上的配饰，且对于礼仪的要求越来越多。不过，佩剑的方式不仅各个时代不尽相同，即便在同一个时代也是多种多样，因此这里讲的佩剑方式，也仅是指对于佩剑的普遍方式而言。

剑和礼仪的结合，源于吴越之地的贵族。这一点从出土的吴王、越王所用之剑就可以看出来。吴王夫差剑，其铸造本身就使用了多种工艺，细数下来有错金、镶嵌、铸铭、刻铭等，剑身上刻有“攻吴王夫差自乍其元用”。而 1965 年在湖北江陵望山一号墓出土的越王勾践剑也十分华贵，该剑剑格上镶嵌有绿松石，剑身上饰有菱格暗纹，并刻有“越王鸠浅（勾践）自乍（自作）用剑”。显然这些剑已经不仅仅是杀人的兵器，更是剑主人身份和地位的象征。

其实佩剑在当时已经是十分重要的礼仪要求，这其中还引出了一个成语典故，即“剑及屦及”，这个成语意思是形容一个人行动坚决迅速。当时所发生的事情是：据《左传·宣公十四年》记载，楚庄王在位的时候，楚国的使臣出使宋国却被宋国杀死，这对于楚国来说是极大的侮辱，因此楚庄王听到这个消息后大怒，连鞋子也没顾得上穿，剑也没顾得上带，就这么冲出宫去，打算立马讨伐宋国，随从的人员看到了这个情况，急忙追赶上去给他送上鞋子和佩剑。从这件事上可以看出，当时佩剑已经具备了一定的礼仪功能。

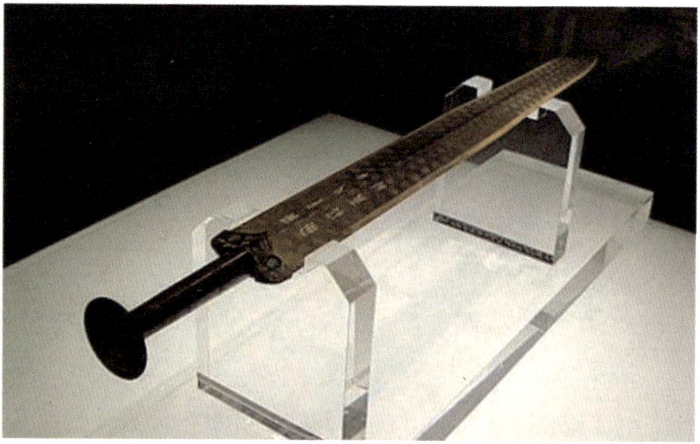

吴王夫差剑

随着时代的发展和剑装饰的不断增加，有些剑逐渐从兵器中分离了出来，专门作为礼仪佩剑之用，这其中最为典型的就是玉具剑和班剑。

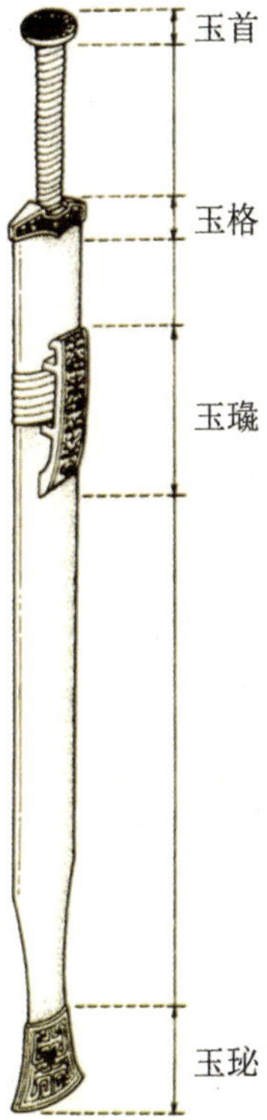

玉具剑结构示意图

玉具剑也被称为“玉头剑”，是在剑的各个部位装饰有玉的剑，主要分为玉首、玉格、玉璏、玉珌四部分。玉剑首一般呈圆饼形，不过在各个时期的形状、大小和纹饰都有所变化。玉剑格的中间穿孔处有多种形状，如长方形、椭圆形、菱形等，以菱形居多。另外其平面上一般会有各种纹饰，如兽面纹、卷云纹、几何纹等，有的还浮雕有各种图案。玉剑璏则主要镶嵌于剑鞘的中上部，以便于佩系，其平面上也刻有各类纹饰。玉剑珌位于剑鞘末端，在汉代时十分流行，以圆筒形居多，上面有各种浮雕和透雕。

这种以玉饰剑的做法最早出现在周王朝，到了战国晚期，玉具剑的四个部分都已陆续出现，当时玉具剑被贵族们当作宝物佩带在身上。到了汉代之后，玉具剑更是作为进贡和皇帝赏赐的物品，被王公大臣争相佩带，以显示其尊贵的身份，直到魏晋之后，玉具剑才逐渐消失。虽然在明清之际又重新出现，但其所具有的内涵已经所剩无几，更多的是对于历史的一种缅怀和追忆。

玉与剑的结合不是偶然的结果，而是一种历史的必然。我们知道，古人常以玉来比喻君子之德，其实这种对于玉的推崇起源很早，在良渚文化遗址中就出土了很多玉器，可见在当时人们对于玉已经十分喜爱，且在当时玉器常作为礼器来使用，其意义和内涵不断深化。特别是到了周王朝，当时的统治者们以玉比德，对玉推崇有加。而《礼记》更是直言："君子无故，玉不去身，君子于玉比德焉。"把对于玉的推崇更是推向了一个高峰。而剑被人们认为是"百兵之君"，这样看来，玉与剑的结合就是那么的理所当然了。这种对于玉的崇拜也最终使得玉具剑成为一种礼仪佩剑。

另有班剑，这是一种有着特殊纹饰的剑，因其常以虎皮纹饰为主，而“班”和“斑”是通假字，所以就有了班剑这个叫法。班剑的出现，和汉代时候朝服带剑的制度有很大关系，只是到了晋代，用木质的剑取代了真正的剑，因此，班剑又被称为“木剑”或“象剑”。以木剑代替真正的剑，可见它已经完全丧失了武器的功用，仅作为礼仪配饰之用。在这一时期，班剑既指礼仪佩剑，又被当作仪仗队中佩带班剑的人的代称。在以后的各个朝代，如唐代、宋代等，班剑的这种佩带形式一直被保留下来，流传了很久。

除了玉具剑和班剑外，还有一种剑值得一提，那

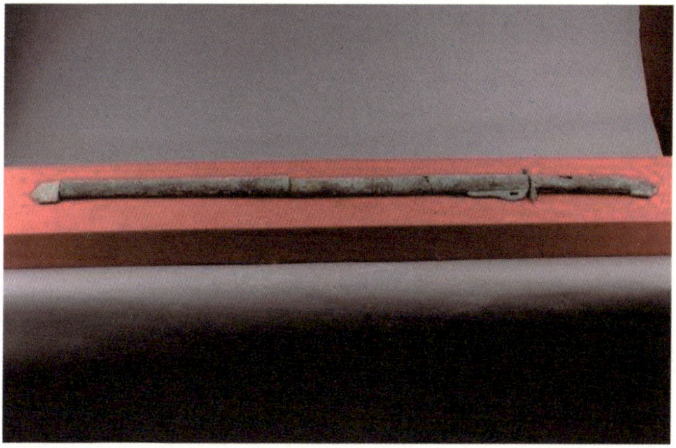

唐代李绩墓出土的班剑

就是现在的影视作品中经常提及的“尚方宝剑”。“尚方”一词源于官制，在战国的时候有“少府”这一官名，到秦汉之时，其位列九卿之一，主要掌管山海地泽的收入以及皇室手工业、制造业，而少府又设有尚方令、尚方丞，其职责之一就是掌管御用刀剑。至于尚方宝剑，最初并没有这么一把剑。直到明代的时候，因为监察御史要去往全国各地检察官员的为官情况，所以需要皇帝授予信物。最初御史出巡的时候是带着专印，以证明是代表朝廷来执行任务的身份，后来御史出巡又被赐以尚方宝剑，以示“如皇帝亲临”之意，遇事可以先斩后奏。有杀伐决断权力的尚方宝剑的出现，是兵器和礼仪的合一的象征，一方面，它可以当作兵器来斩杀该杀之人，另外一方面，它又是至高无上的皇权的代表，由此，剑的内涵得到了进一步的升华。

小 结

本章主要讲述了剑的历史，从传说中的“轩辕剑”到各个时代的剑，可以看出剑的发展和锻造工艺、冶炼技术的发展是有着密切关系的。同时，剑也是充满着文化内涵的，从刺客与剑的故事到文人与剑的故事就可以看出。同时，在中国古代，各种身份的人都会佩剑。起初佩剑仅是作为防身兵器，关于佩剑也没有太多的讲究和要求，但是随着不同身份和地位的人都开始佩剑，使剑本身以及剑的佩带方式发生了相应的变化，甚至出现了专门用作配饰的剑。与此同时，佩剑和礼仪也联系了起来，并且随着时代的发展和佩剑装饰的不断增加，有些佩剑逐渐从兵器中分离了出来，专门作为礼仪佩剑之用，这其中最为典型的就是玉具剑和班剑。因此玉与剑的结合不是偶然的结果，而是一种历史的必然，因为古人常以玉来比喻君子之德。而班剑的材质到晋代已变为木质的，仅作为礼仪配饰之用。

第七章　弓箭

一、从远古走来——弓箭的出现

正如很多男孩子的童年记忆里都有一把小小的弹弓一样，弓箭也是人类历史“童年时期”最早出现的“武器”，而且是十分重要的武器，不过弓箭并不是凭空出现的，而是人类在漫长的生产生活实践中才创造出来的。

在人类产生并走向文明的过程中，为了生存的需要，最初有很长的一段时间都是通过采集和狩猎来获取食物。除了采集外，原始人类只能用粗糙的木棒和随手可得的石块来进行狩猎活动，但是往往出力很多，收获很少，挨饿是常有的事情。为了能更好地生存下去，原始人类在日常的生活中不断摸索，发现可以借助竹子的弹力把物体射向很远的地方，于是弹弓被发明出来了。这期间他们弹射了不同的东西，发现最具有杀伤力的发射物有两种——压制的泥丸和打磨过的石球。

虽然原始人类使用弹弓进行集体狩猎的场面现在

已经不能重现，但是从古代流传下来的一首短歌还是可以把我们带回到那个年代："断竹、续竹、飞土、逐宍（ròu）。"这首短歌几乎概括了人类使用弹弓的整个过程，即先砍下竹子，然后用竹子做弹弓，再用弹弓射出提前制作好的弹丸，最后就可以吃到鲜美的肉。考古发现也还原了人类早期使用弹弓的情况，如著名的原始人遗址丁村人遗址和许家窑人遗址中都发掘出了保存完好的石球，这些石球就是当时用弹弓进行发射的弹丸，因为这些石球对于当时的人们来说就是食物来源的保障，生存的根本，因此直到现在还保存完好，而这些石球，通过年代检测，最长的距今有 10 万多年，最短的也距今有 4 万多年，可见最晚在旧石器时代中期，弹弓已经出现。

弹弓的出现，为弓箭的产生奠定了一定的基础，因此中国古代的典籍中经常会有"弓源于弹"的说法，至于弓箭究竟是怎么发明的，谁发明的，到现在也没有一个确切的答案，相关历史典籍中也是众说纷纭，有说是黄帝，有说是羿等，但事实上，弓箭出现的年代远在此之前，这

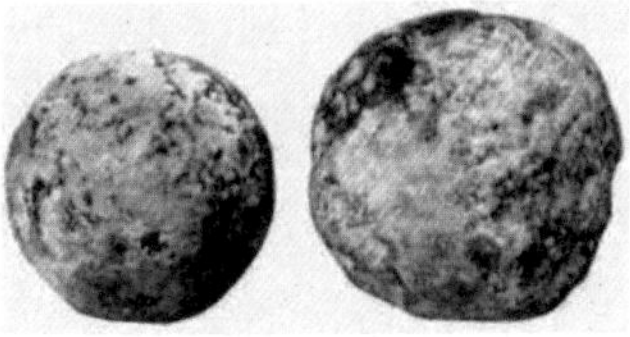

丁村人遗址的石球

一点在考古发现中得到了有力的证明。1963 年，考古工作者在山西朔县峙峪村一处旧石器时代晚期的遗址中发现了一个石箭头（也被称之为石镞），该箭头用薄而长的燧石制成，箭头顶部锋利，下部有明显打磨变窄的痕迹，通过放射性碳素测定，这个石箭头产生的年代距今约有 28900 年左右，可见在原始社会晚期，当时的人们已经开始使用弓箭狩猎。

弓箭的最初形态，是用弯曲的木头做弓体，用削尖了的长木棍或者竹棍做箭，而弓弦一般会选择麻或者动物的筋，这也就是古代的一些典籍中经常说的“弦木为弧，剡木为矢”。另外，这里要提一下箭的构造，因为箭一般是由箭头、箭杆和箭羽三部分组成，然而在原始社会，最初的箭是不带羽的，所以只有箭头、箭杆两部分，并且起初箭头、箭杆也是一体的，就是一根削尖了的长木棍或者竹棍。

弓箭被原始人类创造出来后，人们狩猎的难度大大降低，同时在不断使用弓箭狩猎的过程中，弓箭的制作工艺也得到了很大的改进。只是由于年代太过久远，弓体和弓弦的改进技艺已经无迹可寻，而箭的改进，特别是箭头材质的改进，很幸运地被遗存了下来，因此我们得以看到万年前的箭头，如上面我们提到的石镞。实际上，当时的箭头并不都是石质的，也有用

骨　镞

动物骨头磨制的骨镞和用蚌壳磨制的蚌镞。

原始人类使用的箭头受材质和加工工艺的影响很大，最初的木箭头就不用说了，制作简单，杀伤力也很一般，于是箭头逐渐被其他材质所代替。选择箭头材质，对于原始人类来

石　镞

说也是一个大的问题，因为箭本身属于一个消耗品，因此选择箭头材质的时候，既要选择原材料容易获得的，又要选择易于加工的，还要选择比木质更具有杀伤力的，因此在原始打磨技术不发达的时期，容易获得的骨头和蚌壳就成为箭镞的首选，而随着打磨技术的不断成熟，石镞也在不断增加，最后成为原始箭镞的主要形式。总的来说，原始弓箭箭头的变化，经历了一个由简单到复杂的缓慢发展过程，随之弓箭的杀伤力也在不断地增强。

弓箭的出现，是人类文明走向更为高级阶段的一个转折点，因为它表明了人类已经懂得通过外物来积蓄能量和释放能量。通过选择韧性比较好的木材制作成弓体，再利用弓弦积蓄能量，最后释放弓弦，就会把扣在它上面的箭快速地弹射出去。弓箭的使用，对于整个原始人类来说，是具有决定性意义的发明，它表明当时的人类可以利用弓箭得到更多的食物，这使得狩猎活动在当时人们的生活所占的比重越来越大，最终原始社会由采集文明跨入了狩猎文明，成就了人类文明的巨大飞跃。

二、从狩猎到战争——弓箭的意义转变

弓箭的发明，最初只是为了方便狩猎，以便获得更多的食物，然而食物并不是原始人类生存和发展的唯一限制因素，为了扩张领地和争夺资源，原始的氏族部落之间也会发生冲突，冲突的发生，使得弓箭从狩猎工具逐渐转变成了战争武器。

人类使用弓箭射杀同类的历史最初从什么时间开始，现在已经无法知道，但是现在的考古发现还是让我们对于人类使用弓箭的历史有了更加明确的界定。1966 年，考古工作者在江苏邳州的一个原始文化遗址中发现了一具男性尸骨，在这名男子的右腿股骨间，考古人员发现了一个三角形的骨镞，而且这个骨镞深入到了股骨 2.7 厘米以下，也正是因为如此，这个骨镞在当时没有被取出来，一直保存到了现在。经过放射性碳素测定，该死者距今已经有 6000 多年，可见弓箭在原始社会晚期就已经转变成了战争中的兵器。

不过，弓箭被大规模地在战争中使用，成为常规

的战争兵器，则是私有制建立和阶级出现之后的事情。战争并不是从来就有的，而是在人类社会发展到一定阶段，出现了私有制和阶级后，才产生了战争这种特殊的社会形态。

夏商时期，弓箭在这一时期有了新的变化，出现了青铜箭镞。这一点，在考古发现中也得到了证实。在河南偃师二里头遗址中，考古人员发现了中国现存最早的青铜箭镞，该箭镞的形制极为规范，呈圆铤双翼式，可见该类型箭镞已经是量产的状态。而在郑州

青铜箭镞

二里岗遗址中，考古人员发现了用于铸造青铜箭镞的范，通过这个范，一次可以铸造出数支青铜箭镞。

通过种种遗迹，考古人员发现，这一时期的箭，是把铸造好的青铜箭镞装在处理过的木质箭杆上，而箭杆的尾部，则装有羽毛，这使得箭在射出后飞行得更加稳定。这时的箭，长度大约在 85 厘米左右，使用时一般以 10 支为一组放在箭囊中。

但是，在夏商之际，由于青铜的产量有限，而箭又属于消耗品，因此箭镞的材质除了使用青铜以外，骨质仍然是其主要的选择。而且这一时期骨镞的取材除了动物的骨头外，人骨也被大量地使用，如在郑州商代遗址中曾发现了一个当时用来制作骨镞的作坊，其中出土的上千件半成品骨镞中，有很大一部分是用人骨做的。这个发现除了反映当时箭的材质以外，也可以看出在奴隶制的社会中统治阶级的野蛮和残暴。当然，除了青铜材质和骨质的箭镞，石质的箭镞也依旧在使用。

到了商代中后期，战车逐渐走入了战场，一般来讲，一乘战车上有三名成员，主将居于左，负责拉弓射箭，右边有一甲士操戈御敌，中间的是一个御者，负责驾驶战车。如安阳殷墟出土的马车中就放有弓和箭，不过弓早已腐烂，箭也只剩下两组箭镞，每组 10

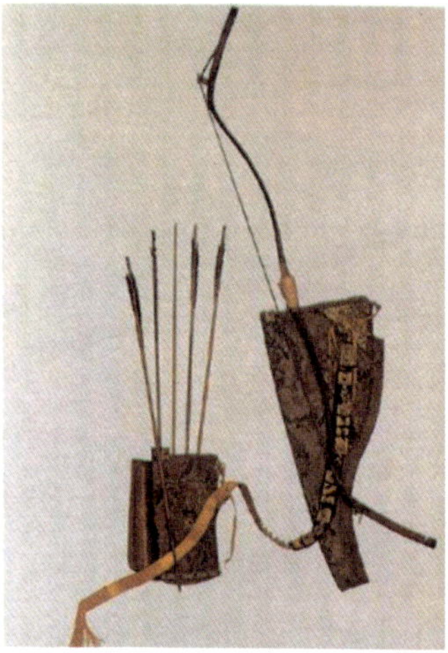

复合弓

支，材质分别为青铜和石质的。

周代的时候，已经出现了专门管理弓箭制作和分配的国家机构，另外还有专门的弓箭维修部门和弓箭的原料供应、质量审核部门，足见弓箭对于当时战争的重要性。当时的弓一般被分为6种，唐弓和大弓主要用来练习射术，夹弓和庚弓主要用来狩猎，而王弓和弧弓则被作为兵器用于车战或者守城。

时至春秋战国，由于战乱不断，弓箭在战场上的作用更加突出，以至于被当时的兵法家认为是诸多兵器之首。另外，复合弓在这一时期也被大量地使用。据文献记载复合弓要用“干、角、筋、胶、丝、漆”等六种材料才能制成，“干”主要讲的是弓的材质，主要为干木或竹，通过多层的叠加制成弓臂的主体，因此干材的材质对整个弓的性能有着决定性的影响，一般柘木最好，檍木、柞树木次之，而竹最为一般。

角即动物的角，以牛角为主，用来加工成薄片，贴在弓臂的内侧。筋即动物的肌腱，贴于弓臂的外侧。其实筋和角的作用几乎一样，都是为了增加弓臂的弹性，使得箭射出的力度更大。胶即动物胶，用来使角筋和干材得以黏合。《考工记》中对胶的使用有着明确的规定，主要以鹿胶、马胶、牛胶、鼠胶、鱼胶、犀胶等 6 种为主。丝即丝线，主要用来缠绕弓管，从而加强弓的牢固性；漆即涂漆，主要用来涂抹制好的弓臂，起到预防湿气侵蚀的效果。总的来说，弓箭在这一时期的发展已经进入成熟期，此后的弓箭在样式上几乎被固定下来，没有太大的变化，如果非要寻找区别，那区别更多地表现在制作弓箭的材质和制作工艺上。

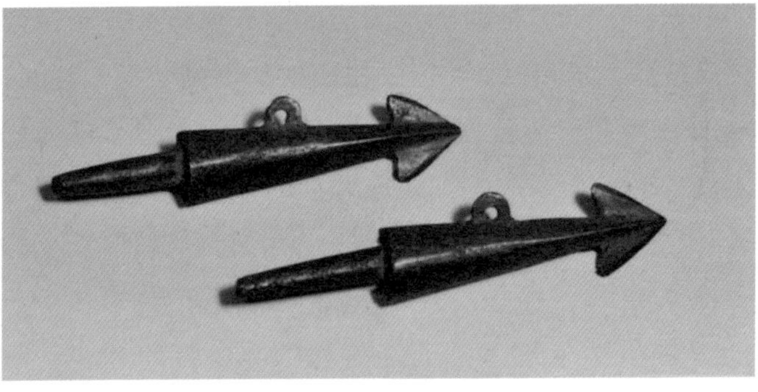

三棱形的箭镞

胡服骑射

同时，为了适应这一时期的战争需要，新式的箭镞——三棱形的箭镞被设计了出来，并且很快投入到了战争中。这种三棱形的设计，已经与现代的武器设计理念相差无几，可见当时冷兵器的先进程度。

另外，在这一时期发生了一件与弓箭有关并且对后世产生重大影响的事件，即战国时期赵国的国君赵武灵王为了抵御胡人入侵，在全国施行“胡服骑射”之制，一改国人之前宽松的穿衣风格为胡人简洁的穿衣风格，并亲自带头穿胡服、学骑射。实行胡服骑射后不到一年的时间，赵国拥有了一支强大的骑兵队伍，不但击退了胡人的入侵，而且灭了中山国，成为当时为数不多的强国之一。赵武灵王的“胡服骑射”是我国古代军事史上的一次大变革，也是不同文化之间相互交融的一个典范。其实早在赵武灵王之前的150多年的赵襄子时期，赵国就已经有了骑兵，因此赵武灵王的“胡服骑射”并不能算作中国骑兵建制的开端，不过这的确是中国骑兵服饰变革的开端，值得后代为之纪念。

到了汉代，为了适用于不同的作战需要，如步兵作战、水军作战以及骑兵作战，当时的工匠制作了不同的弓箭，名气较大的有虎贲弓、雕弓、角端弓、强弓等。箭镞的制作在这一时期也发生了根本性的改变，随着冶铁技术的不断发展，铁在兵器上的使用越来越广泛，从而使得铁质的箭镞逐渐取代了青铜箭镞，成为主要的制作方向。

到了唐代，弓箭的划分更为明确，主要有长弓、角弓、梢弓和格弓。由于长弓比较大，因此主要用于步兵作战，而角弓相对较小，所以骑兵作战主要用角弓，至于梢弓主要用于防身近射，格弓则为仪仗之弓箭，基本不用于实战。弓箭在唐代的军队中为主要的作战武器，据史料记载，唐代时候一军的编制有 12500 人，配弓 12500 张，弦 37500 条，箭 375000 支，足见弓箭在唐代军队

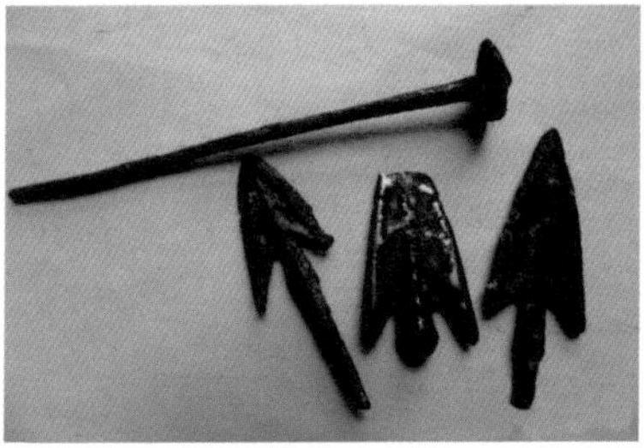

铁质箭镞

中的重要地位。同时，为了更好地普及弓箭，唐代首次在科举考试中加入了武科，并把射术设为考核的主要内容之一，以后，这种制度一直被延续了下来，直到清代。

从宋代到清代，弓箭在军队中作为主要作战武器的地位一直没有动摇过，特别是对于元代的统治者和清代的统治者来说，人们对于弓箭更是有着超乎寻常的热爱，而弓箭也回报了他们，帮助他们打下了大片的江山。

弓箭作为兵器，在战场上的使用一直延续到了清朝末年，直到火器特别是枪炮出现之后，弓箭才逐渐地退出战场。不过弓箭依旧没有从人们的视野中消失，而是作为一种体育竞技项目被保留了下来。如今，我们从那些全神贯注射箭的运动员身上，似乎能够依稀地似乎看到那些驰骋在战场上的弓箭手们的飒爽英姿。

三、从弓到弩——弓箭的升级和发展

说到弓，大家自然就会联想到弩，其实从弩的历史来讲，它确实是在弓的基础上发展出来的，因此弩可以算弓的升级和发展。

弩相对弓来说，是更为先进的战争武器。因为用弓射箭的话，弓的张力主要来源于人的臂力，由于人与人之间的臂力都不尽相同，所以射出去的箭的位置是存在差异的。但是弩产生之后，这些都不再是问题了。因为弩在弓的结构上增加了弩臂和弩机，弩臂的作用在于把弓固定在了臂上，然后再在臂上装一组能绕不同的枢轴转动的机件，

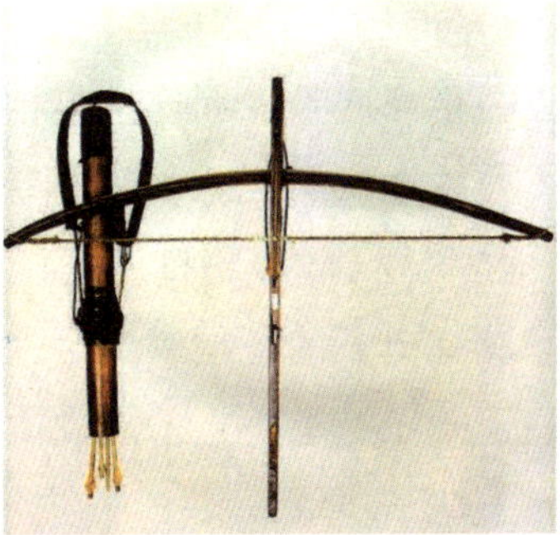

弩

这样张弦就不单单靠臂力，还可以依靠腰、脚发力，这使弦的张力变大，箭的射程就更远，杀伤力也会更大。另外因为装了弩机，所以拉开的弦可以被暂时固定住，这样就增加了瞄准的时间，使得弩的命中率加大。

至于弩是何时出现的，也是众说纷纭，直到今天都没有一个统一的答案。有说法称最早的弩为木质的，在商代就已经出现，但是现在这方面的考古发现还没有，仅从商代的甲骨文中可以做出一些判断，不过从现在中国西南部的一些少数民族中还在使用原始木弩的这一情况来看，由弓而演进到木弩能猜测应该是有着一定的依据的。

由木弩到青铜弩，这已经是周末或进入春秋战国时的事情。考古人员在战国时期楚国的墓葬中发现了中国现存的最早的青铜弩，该弩的构造工艺相当精细，可见在这一时期制弩技术已经相当成熟。而这也与相关典籍的记载相符合。据《吴越春秋》记载，楚国琴氏因不满弓箭的威力，于是他“横弓着臂，施机设枢”，最终发明了青铜弩，虽然还没有更多的证据来证明这一说法，但是在目前看来该记载还是有一定的历史依据的。

到了战国时候，由于战争不断，所以当时各路诸侯军队中几乎都装备有弓弩。弩在当时被分为夹弩、庚弩、唐弩和大弩四种。夹弩、庚弩相对较轻，被用于守城，而唐弩和大弩威力巨大，发射速度较慢，主要被用在战场上。虽然我们现在已经不能还原当时战争的惨烈场面和弩惊人的杀伤力，但是从战国晚期著名的军事家孙膑所写的《孙膑兵法》中可以看出，弩被频繁地提到，而且被孙膑列入6种常用战阵之一中，名为“劲弩趋发”，可见弩在当时战争中的巨大作用。并且孙膑还亲自主导了一场用弓弩大获全胜的经典战例，这就是历史上的马陵之战。事情发生在公元前343年，当时魏国联合赵国一起去攻打韩国，韩国不敌，便向齐国求救。齐国任命田忌为主帅，孙膑为军师，领10万大军，采用了桂陵之战中所使用的“围魏救赵”的战法，率领大军向魏都大梁而去，这时正在前方指挥魏军的庞涓听到这个消息后慌忙回撤，一路追赶齐军而来。这个时候，孙膑采用每天减少生火做饭的行军灶台的办法，误导庞涓认为齐军听到魏军回撤，已经开始慌忙逃跑。庞涓一方面出于自信，一方面又急于求胜，便没等步兵赶到，亲率魏军骑兵火速追赶齐军。因孙膑和庞涓本为同门，只是在魏国的时候孙膑遭到庞涓陷害，被处以剜去膝盖骨的刑罚，所以孙膑本人对于庞涓是十分了解的，他知道庞涓会

上当，便在傍晚的时候赶到险峻狭窄的马陵道，调集数万名弓弩手埋伏在四周，在道旁树上蘸蜜写上“庞涓死于此树之下”，

庞涓之死

然后命令弓弩手看到亮光就放箭。等庞涓率领兵马来到马陵道时，他隐约看到树上有字，于是便命令手下士兵点起火把去看，没料到火光一亮，齐军万弩齐发，魏军瞬间死伤无数，庞涓看到大势已去，于是自尽而死。

由以上的史料，我们可以看到在战国时期弩在战争中的巨大作用。另外秦朝在统一六国之前，曾与赵国发生过一场耗时三年的大战，被称之为“长平之战”。在这次规模空前的大战役中，赵国的军队被秦国军队截断了运粮的通道，陷入了十分不利的境地。史书记载，在困境中赵军曾多次试图突围出去，但是都被秦国的一支以轻骑为主的军队所阻挡，最终大败。虽然对于这支神秘的轻骑军史书没有特别的记载，但是通过史学家分析所得出的结论是：屡次击退赵军突围的秦国轻骑军，所使用的武器装备就是弩。在战国时期，虽然已经有了骑兵，但是由于马鞍还没有出现，因此

如果在马上作战，具有远射功能的弩是一个十分方便的武器，而且如果万弩齐发，确实具有强大的狙击能力。秦军作战十分擅长使用弩，在公元前 221 年，当蒙恬率领的大军攻破了齐国的都城之后，秦国一统天下的梦想终于实现，但是就在这举国狂欢的时刻，秦国北部边境上传来消息说匈奴军队不断袭扰边疆，当地百姓苦不堪言。于是秦始皇又命令蒙恬“北逐戎狄”，而蒙恬也不辱使命，在公元前 214 年大破匈奴，在对付彪悍的“马上民族”时候，蒙恬所用的正是弩，由此可见弩在当时战争中的地位。

到了汉代，弩的使用更加广泛，同时，这一时期弩也有了较大的改进，并在之前的基础上，利用勾股定理经过周密的计算之后加入了瞄准用的准星，然后按照刻度进行瞄准，弩的精准度大大地提高。不过当时人们对于数学概念的总结和应用都还处在一个自发的阶段，因此勾股定理并没有被广泛应用，直到北宋时期的大科学家沈括注意到之前弩上的刻度，才判断出工匠们已经掌握了勾股定理的应用。不过事物的推广和发展总是需要一个过程，因此在汉代带有刻度的弩在军队中也属于弩中的精品，使用并不普遍。

汉代的时候，由于北方的匈奴屡次来犯，且因为是游牧出身，各个擅长骑射，因此汉朝军队开始用威力强大的弩来应对匈奴人的铁骑。这样在匈奴的铁骑还没来得及冲过来的时候，就可以将其射杀。在汉代的历史上，有很多善于用弩的将军，声名赫赫的飞将军李广就是其中之一。在公元前121年，李广以郎中令身份率4000骑兵从右北平出塞，与博望侯张骞的部队一起出征匈奴。途中突然遭遇到匈奴左贤王，被其所带领的40000骑兵包围，在匈奴军队的猛攻之下，汉军死伤惨重，但即使在这种危急的时刻，飞将军李广也没有慌乱，他命令士兵把马车和战车围成一个圈，然后收拢军队使其处在圈内，用强弩来抵挡匈奴军队的围困。这期间，李广身先士卒，手持强弩“大黄”射杀了多名匈奴将领，匈奴军队上下大为恐慌，再加上天色慢慢黑了起来，战事暂时告一段落，到了第二天，博望侯张骞的救兵赶到后，最终解了匈奴之围。虽然这场战役十分惨烈，但是它在兵器发展史上有着十分重要的作用，它告诉人们，如果步兵装备了杀伤力巨大的强弩，那么战胜骑兵的可能性将会大大增加。

到了三国时期，弩得到了进一步的发展，弩的强度有所提升，弩的穿透能力和射程也有所增加，特别是，可以连续发射弩箭的军用强弩被创造出来，因为这种连弩和诸葛亮有关，所以现在很多时候把连弩称为“诸葛连弩”。其实连弩在战国已经出现，不过战

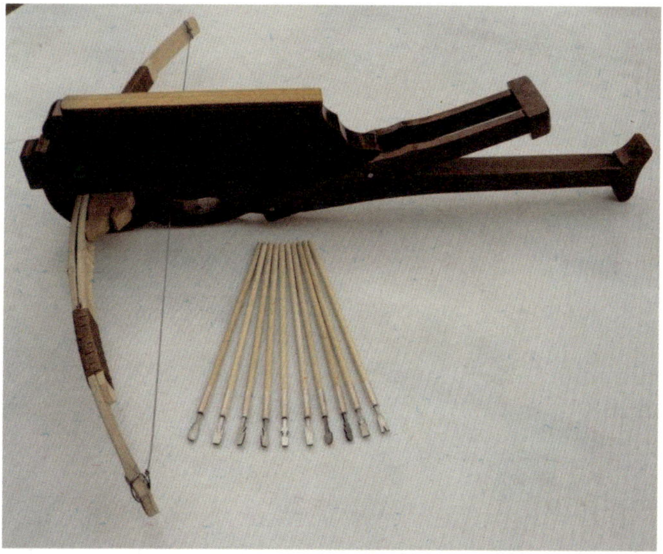

诸葛连弩

国时候的连弩体形较小，且制作工艺复杂，仅能用于防身，不适合在战争中使用。而诸葛亮便在这种小型连弩的基础上，设计出了一种新型的连弩，在当时被称之为“元戎”，这种弩填满箭支后可以连续发射十次，威力惊人，被后世西方的兵器专家们称为“不亚于来复枪的武器”。

到了东晋及南朝的时候，为了对抗游牧民族的骑兵，强弩开始在军队被大规模地使用。如在晋的时候发明了一种威力惊人的弩，该弩被安装在一辆车上，用辘轳绞拉才能把弦撑开，这种弩被称之为“万钧神弩”，在当时的战争中发挥了巨大的作用。

万钧神弩

到了唐宋时期，弩的种类更多，分工也更加明确，据记载当时有擘张弩、角弓弩、木车弩、大木车弩、竹竿弩、大竹竿弩和伏远弩等七种弩。擘张弩、角弓弩属于轻弩，其他的都是强弩，如大车弩，弓长 4 米，必须用绞车才能把弦拉开，箭被发射出去的时候，声音犹如轰雷。不过，重弩因为过于巨大和笨重，一般多用于守城，野外作战中用得不多。另外，唐朝的军队在中国历代王朝中是装备弩最多的军队之一，当时唐朝军队的建制以轻型步兵和骑兵为主，机动灵活，善于采用远程奔袭、迂回包抄等战术，很少与敌方军队做面对面地硬碰，而这种战术也可以充分发挥弩的远射特点，也正因为这一点，使得唐朝军队在和其他少数民族的骑兵作战时很少有败绩。

到了宋代的时候，战争状况发生了很大变化，使得弩的地位得到了很大的提高。在宋代人们甚至在城墙上专门修建了弩台，每个弩台可以容纳弓弩手 24 人，将 1 人。弩台突出在城墙之外，不但可以射击正面之敌，而且还可以触及城墙平面死角的敌人，因此城墙的防御能力得到了很大的提高。另外，在宋代人们常在战争中使用一种特别的弩，叫伏弩。这是一种提前设置好的等待敌人不小心去触发的暗发弩，外形和其他弩区别不大，只是增加了触发的装置，即把弩机的拨机上拴上长线，线的另外一头拴在附近的小木桩上，设置在敌人要通过的道路上，以射杀敌人。据历史记载，当时的辽国名将萧鞑凛在查看地形的时候被宋军伏弩所伤，不治而亡（也有说是被宋军城墙上的强弩所杀）。这次的成功射杀，对宋朝的历史影响巨大，萧鞑凛之死，使得萧太后辍朝五日，伤心不已，从而最终和宋议和，签订澶渊之盟，使得此后宋辽之间的和平维持了 120 年之久。

其实宋代对于弩的重视是有着历史传统的。宋太祖在位的时候，就十分重视弩的创新，曾专门让工匠设计了射程达千步的床子弩，相当于现在的 1000 多米的距离。不过在冷兵器时期，即使射程上去了，但是目力不可及，其实意义并不是太大。另外因其机动性差，所费人力众多，一般只是作为攻城和守城用，在野外战场上使用得并不多。在北宋的《武经总要》

上记载有多种床子弩，其中威力最大的是三弓床弩，这种弩又被称之为“八牛弩”，它的弦需要上百人一起绞轴才能拉开，箭矢被人们形象地称之为“一枪三剑箭”，可见种弩的箭矢形状如标枪一般，而箭头上的三片铁翎就犹如三把剑一样。另外据记载床子弩还可发射“踏橛箭”，据说这种箭如果射在城墙上，士兵就可以踩在箭上去攀爬城墙。值得一提的是，在北宋的时候，火药已经被用在弩上，制成火箭，以增强其杀伤力。

澶渊之盟

自宋代以后，由于火药在战争中的使用，冷兵器在战争中的地位不断下降。到了元代，装填火药的火铳已经被生产和装备军队，不过作为马上民族的蒙古军队，仍在大量使用弓弩。到了明朝末年，除了射程较远的强弩外，手持的弩已经被火铳取代，在战场上已很难看到。但弩作为狩猎工具，仍被人们所广泛使用，至今都没有退出历史舞台。

四、从战争到礼仪——射礼的出现和演变

拉弓射箭本为狩猎和战争中所必须进行的事情，然而随着历史变迁，到了商周之际，“射”与“礼”越来越密切地结合了起来，最终变成了一种规范的礼仪——射礼。

射礼因何而产生，有以下几种说法：有的人认为射礼起源于狩猎，一方面因为猎取食物的需要，另外一方面也可以通过狩猎进行军事训练，久而久之，就演变成了一种礼仪；有的人认为射礼起源于原始宗教，在发展的过程中扬弃了其宗教成分，最终演变成了一种礼仪。至于射礼到底是因何而来，现在已经不为人所知，不过不外乎狩猎、战争和祭祀仪式，

射 礼

也有可能以上这些因素对于射礼的产生都有过不同程度的影响。

至于射礼出现的时间，有说法认为早在炎黄时期就已经存在，不过现在已经无从考证，夏商之时有关射礼的记载也很少，但是通过保存在中国国家博物馆中的作册般青铜鼋，我们还是可以还原当时射礼的一些情景。作册般青铜鼋是一件商代晚期的青铜器，器身为鼋形，呈爬行状，伸头，尾左偏，背部刻有铭文，其脖子的一侧插有一支箭，背部的盖上插有三支箭，这四支箭都深深地插入了鼋的体内，从外部观察仅能看到箭的尾部。有学者对这件青铜器上的铭文做了深入研究，指出这段铭文记录了当时商王进行射礼的事情，同时商代遗留下来的甲骨文也记录了商代射礼的一些情况，不过商代的射礼更多的是具有军事竞技比赛的性质，缺少了很多善和美的意味，而这和商王朝晚期的社会现状是有关系的，因为当时商王朝已日渐衰微，面对诸多诸侯国的挑衅和周的不断强大，商朝统治者压力倍增，在这种情况下，商王朝必须加强军事统治，并安抚内部的不稳定因素，因此举行射礼也就变得顺理成章了。这在一方面可以威慑诸侯，显示其强大的统治能力，另一方面也是为了凝聚人心。总而言之，商代的射礼和军事斗争的关系比较密切，在一定程度上可以认定它为一种军礼，只不过它的军事性质已经在不断减弱。

通过历史我们知道，周取商而代之，是以小邦取代大国，因此在一开始就有着很强的忧患意识，这种意识使得周朝选择了不同于殷商的以武治国的路子，提出了“敬德保民”，以礼治国的理念。通过制礼乐、行仁政，旨在构建一个和谐稳定的社会局面。在这个大的背景下，周代的射礼在继承商代射礼的基础上有所损益，成为符合周王朝统治需要的重要礼制，后来又经过儒家的“加工改造”，更为历代统治者所喜爱，流传甚广。

周代的射礼主要分为大射、宾射、燕射和乡射四种。大射主要是为了在诸侯中选拔参加祭祀的人员，周天子每年都会定期地举行祭祀大典，在祭祀大典即将举行的时候，各诸侯都会推荐合适的祭祀人选，祭祀的人选便是通过大射在推荐人选中选拔出来。具体的程序是先在“泽”这个地方对各个推荐人做初次选拔，通过者再参加大射，在大射中表现出色者不但可以和天子一起参加祭祀大典，而且会被授予封地和其他赏赐；在大射中表现不佳的，不但没资格参加祭祀大典，还要被削减封地。其实，大射还有一个叫法为“射侯”，即在大射的时候，射中了箭靶者，就能被封为诸侯，而射不中者则不能被封侯。从这个意义上来讲，大射还具有凝聚人心，维护统治的功能。宾射是诸侯朝见天子的时候，天子和诸侯们一起进行的射事活动。宾射一般在王庙进行，具有一定的娱乐性。进行宾射主要是表达天子对诸侯们的欢迎，也从一定程度上体现了天子本身所有的礼仪风范。总之，整个宾射过程所呈现出来的是一个欢乐祥和的氛围。燕射一般是天子和群臣在宴饮娱乐之时进行的射礼，另外在天子或诸侯接待使臣的时候也会进行，地点一般在诸侯朝拜天子之前所等候的厅堂内，进行的时候每四人分为一组，一组中每人射一箭，然后再分组评定射箭的成绩，整个过程大家都是相互尊重的，不会因为谁没有射中箭靶就去嘲笑他。乡射则分为两种，一种在每年的春秋两季由乡下属的各州聚集所属地的民众举行，是为了教化民众懂得礼让，进而推礼成俗，改善社会风气。其核心内容为三番射，其中第一番射主要是为了演习，第二番射则为比赛，到了第三番射，在射的过程中加入了音乐，以突出礼乐之间的和谐之美。另一种为每三年举行一次，是为乡学毕业即将出仕的学生所举行的射礼。在西周时期，官府几乎垄断了一切文化教育活动，在这种情况下，平民是没有什么机会接受教育的，接受教育的只能是贵族，而这一现象，被称之为“学在官府”。这里所讲的乡射，就和诸侯之乡乡学的学生毕业有关，因为乡学的学制为三年，所以每三年学生毕业的时候会举行一次乡射，乡射之后，表现优秀者会被推荐给诸侯，举行的时间一般为正月。此外，以上的两种乡射在举行之前，都还要由乡大夫牵头举行一个乡饮酒礼，在乡饮酒礼上，会招待乡里的贤能之人和德高望重者，而且乡大夫和乡先生会从毕业的学生中选出最为贤能的一个作为“宾”，其次一人作为“介”，再次三人作为“众宾”，与这些人一起饮酒，并在之后推荐给诸侯。

其实，无论是上面讲的大射、宾射、燕射，还是乡射，它们本身的操作过程都有着极为复杂的礼仪要求。但是这些步骤如果在民间操作起来的话会十分的不容易，而历代的统治阶级又都十分提倡这个事情，于是射礼在民间就逐渐演变为投壶之礼。

投壶在战国时期就已经出现，秦汉之际在贵族阶层中很是流行，同时在民间也逐渐开始出现，随后不断流传演变，逐渐成为一种流行的、集游戏和礼仪为一身的、不分阶层的活动。投壶一般在庭院中进行，由于很多庭院的面积有限，而参加聚会的时候宾客又很多，更为重要的一点是民间大多数人都不懂得射箭，所以射礼在民间施行的难度太大，于是就有了变通之法，即以投壶代射箭，来传达射礼中的深刻内涵。如在举行投壶活动前，参加活动的主宾以及侍从都有关于“礼”的要求，具体要求所有人既不能怠慢又不能傲慢、不能背离更不能在活动中谈论其他不相关的事情，否则的话就要对其进行惩罚。另外，在投壶进行之前，主人和客人之间还要有三次的请让，之后才能正式开始进行投壶，可见投壶从根本上来讲，就是一种用壶来取代箭靶的射礼活动，也正是在这个意义上，我们把投壶称之为“投壶之礼”。

在进行投壶的时候，首先得放置一个特殊的大口壶作为目标，说它特殊，是因为这个壶的颈部很细，而腹部又很大，同时里面放有豆子，之所以放豆子，是为防止投入壶中的箭矢弹出来。投掷箭矢的壶放置好后，投掷者在离壶一定距离的地方向壶口投掷箭矢。这个时候，设有专门的人面朝东站着，身边放有一个器皿，里面有很多竹签用来记数。这时候主人开始投掷，如果主人投中了，负责记数的人就会从身边的器皿中抽出一根竹签，然后放在身子南面，如果客人投中了，就从身边的器皿中抽出一根竹签，放在身子北面，投掷结束后，记数的人通过身子两边的竹签多少来计算胜负。随后取胜的一方要给对方倒酒，对方接酒的时候要说“赐灌”，而取胜的一方要答“敬养”，随后对方要喝掉这杯酒。另外，投壶记数的竹签也有专门的叫法，一根叫“奇”，两根叫“纯”，如主人投中六根，就报“三纯”，而客人如果投中五根，就报“五奇”，如果双方投中相同的数目，就称为“均”，报结果的时候就会说“左右均”。投壶比赛结束后，还要演奏相关的乐曲，等乐曲演奏完毕后，整个投壶活动才算真正结束。

投壶之礼在春秋和战国之际，不论是在官方还是在民间都十分流行。据《左传》记载，春秋末年，晋国是当时的盟主，当晋平公去世而晋昭公即位的时候，各路的诸侯都要来晋国会盟，以示祝贺。在会盟的过程中，就有投壶这一项活动。这中间还有一个插曲，就是齐景公拿着投壶用的箭矢对晋昭公说，我来和你比试一番为你助兴，虽然上次你投进去了，但是这次我也要投进去，从而取代你。说这话虽然是祝贺，但是传到晋昭公耳朵里，就有齐国要取代晋国的霸主地位的意思了，结果最后弄得不欢而散。可见，当时对于投壶之礼是十分看重的，如果不尊礼数，就会引起很多的问题。

对于投壶之礼的重视一直延续到东汉，之后投壶活动的娱乐性、游戏性越来越强，而对于礼的要求越来越少。据说汉武帝就对投壶十分钟爱，以至于对善于投壶的人也格外喜欢，据说当时有个门客姓郭，擅于投壶，并且他投壶的时候喜欢把壶中的豆子倒掉，然后把箭矢换成竹子的，这样的话投进壶中的竹箭还可以反弹，接着继续投，他可以用一只竹箭投壶百次，而且还能做到百发百中。也正是这样，汉武帝十分喜欢看他投壶，并且每次都会赏赐他很多贵重的东西。虽然这样热闹欢乐的投壶场面现在已经无法看到，但是历史总会留下一些痕迹让后人去了解它。1931 年夏天，在河南南阳市西南的草店村附近，相关考古专家发现了一座汉代的古墓，虽然墓中的文物已经被盗墓者偷盗一空，但是大量的墓石盗墓者却没有关注，也许在他们眼中这根本不是什么珍贵的东西，但正是因为这些盗墓者的无知，才使我们得以看到汉代人当时的生活场面。在这些珍贵的画像石中，就有一块是关于汉代人进行投壶活动的《投壶图》，它生动形象地刻画了当时的投壶情景，通过画像石人们可以清晰地看到：在画像石的中间部位，放着一个壶，里面有两个箭矢，旁边不远处是一个酒樽，樽上放着一个盛酒用的勺子，离壶左右两边更远一点距离各有一人，正神情专注地抱矢投壶。最有意思的情景是在画像石的左侧面，有一个已经喝得酩酊大醉的壮汉，表情看似很难过的样子，可能是因为投壶失败被罚酒吧。此画

投壶图（部分）

像石中着重强调的就是投壶和喝酒，可见在汉代的时候投壶的娱乐性已经成为主要特点，礼的约束力已经很小了。到了魏晋时期，当时的名士们提倡“越名教而任自然”，即主张逾越那些封锁人们心灵的繁重的礼数，回归人性的自然状态。这一时期，名士们对于投壶也十分喜爱，并且开始加入了很多新的玩法，如蒙着眼睛投壶或隔着屏风投壶，甚至有的背对着壶去投壶，可谓花样百出，欢乐无比。

不过这种缺少了礼的约束的投壶并不是所有人都能接纳的，在宋代的时候，倾向儒家思想的司马光就十分反对这种抛开礼数而单纯娱乐的投壶活动，甚至撰写了《投壶新格》，删去了五花八门的投壶花样，并重新用礼仪规定了投壶活动，力图让投壶回到“礼”

的范畴，成为“纳民心于中正”的活动。然而司马光的努力并没有起到很好的效果，这种投壶在民间并没有得到很好的推广。

到了明代，投壶已经彻底地成为一种娱乐游戏，据说当时关于投壶的花样就有140多种。不过在清代的时候，投壶渐渐消失，直至民国，已经不见投壶的踪迹，虽然偶有人提及以投壶来恢复古礼，也都不了了之。至此，不论是射礼还是投壶礼，都从人们的视野中消失了。

五、从礼到德——弓箭意义的升华

商周之时，射礼对“礼”的要求已经十分详细具体，可以说整个射礼的过程，处处彰显着“礼”的内涵和价值，更为重要的一点是，在西周以及之后的很长一段时间里，射之“礼”也在不断地发展和完善，并且走向了更高的一个层次，即对于自身道德的要求。

不过，要认识西周射礼由“礼”到“德”的这一转变，就要先对西周射礼的性质和目的有个全面的认识。总的来说，可归纳为以下几点：

第一，西周射礼和鬼神崇拜有一定的关系。我们知道，周王朝是在灭掉商王朝的基础上建立起来的，因此在一定程度上也继承了商王朝的很多观念和认识，如商人对于鬼神的崇拜，这在周代文献和考古发现的甲骨文中都有所表现，所以到了周代，虽然对于鬼神之说已经不再妄信，但是在很多事情上还是可以体现出“天神”等对其产生的影响，特别是在统治的合法性上。如在周武王死后，鉴于周成王年纪太小，因此周公代其主掌王政。当时，武庚等人叛乱，周公在讨伐叛乱的时候，就曾用夏代和商代常用的占卜方法来把这件事情告知天下，并同时进行讨伐前的政治动员，他用周文王当时所使用的大宝龟来占卜上天的旨意，然后告知民众：我是没有办法违背上天的旨意的，因为上天对文王的庇佑，才使得我们以小邦创伟业。文王是按照上天的旨意去做的，因此可以承受上天的大命，现在上天依旧庇护着我们，来庇佑我们完成伟业。可见，周王朝对于鬼神也是十分崇拜的，只是到了周王朝时期，对于鬼神的崇拜逐渐融入了道德的成分，向着“以德配天”的方向转变。而周代的射礼，就是一个融祭祀性、礼仪性以及最终的道德性为一体的一个活动。

第二，西周射礼和军事训练关系密切。在西周的时候，弓箭是当时战争中最为重要的武器之一，因此周王朝对于射术十分重视，据史料记载，在周公没有制礼之前，射箭比赛已经普遍存在，不仅仅是在军队中，在当时的学校，从乡学到国学，射术都是学生必须学习的一个科目，当然，这种射术的学习是已经和礼乐结合起来的一种综合的射术学习，据《周礼》介绍，当时有“五射之法”，分别为白矢、参连、剡注、襄尺和井仪。所谓白矢，主要是对于射箭者臂力的要求，要能达到箭穿靶子而箭头发白这样的效果，如此才能证明箭射出去的时候是准而有力的；参连则重在对射箭者速度的要求，要求射箭者达到先射一箭，然后再连续射三箭，最重要的是全部射出去的这四支箭看上去要如同前后衔接在一起的珠子一般整齐有序；剡注则是对于射箭者自身力量的要求，要求其射出去的箭够快够迅猛；襄尺则是对于礼的要求，即要求射箭者懂得谦让和尊卑，如臣与君一起射箭的时候，臣要做到让君一尺（约 0.3 米）而退；井仪则更多的是对于射箭者射术准确性的要求，要求能做到所射出的箭都正中目标。总的来说，西周的射礼，其军事性的色彩还是十分浓厚的。

第三，西周射礼关系着西周统治阶层人才的选拔。如大射是天子对于参加祭祀仪式人员的选拔，而且也是对于分封诸侯的一种考验，三年一期的乡射也对人才的选拔和推荐有着直接的关系。

第四，西周射礼之所以那么重要，在一定程度上也是为了维护周王朝统治的需要。了解历史的人都知道，西周所采取的是分封制，这是因为当时周武王伐纣的时候，联合了许多的诸侯和部落一起行动，因此周王朝建立后，为了一起分享胜利的成果，周王朝便把地域划分成不同的等级分给了诸多诸侯，而这就是西周封建制的由来，这里的“封”是瓜分土地并划定疆域的意思，而“建”则是界定等级，主要分为公、侯、伯、子、男五等。这样，诸侯们都拥有了封地，并界定了名分，于是各得其所，天下太平。既然是分封制，那么各诸侯和周王室其实都有着一定的独立性，因此周王室为了维护和各路诸侯以及周边势力的良好关系，进行射礼就很有必要了。在射礼中，周王朝既可以展示自己强大的武力，起到一定的威慑作用，又可以在射礼中和各路诸侯以及周边势力亲密交流，起到一定的沟通和协调作用。

了解了射礼的性质和目的，接下来我们再回到射礼之“礼”，从周代礼制这样一个角度，来深入了解射礼以“礼”为内涵的教化作用。

首先，射礼深刻地反映了周礼所具有的人本主义特点。西周的礼乐制度，是周公在吸收和总结夏、商两个朝代相关制度的基础上制定出来的，因此相对于夏商来说，周礼的宗教神秘色彩已经不多，而重在表现其人文内涵，所以后代很多人把周代的礼乐制度看作是礼乐文化的一种典范。

周礼最为重要的一点，便是从礼的规范性中引出了德，从而使得周礼具有了浓厚的人本主义色彩。这种开创性的以“德”为本的人本主义的基调，源于周公的远见卓识。周公在亲自经历了商灭周兴的过程后，总结出之所以商代灭亡，而周王朝能从一个小邦而走向兴盛，主要取决于一个字，那就是“德”。因为商王朝失去了“德”，所以天命才被周王朝所得，于是周公提出“皇天无亲，唯德是辅”，一方面是为周王朝的统治合法性做出解释，另外一方面也是在告诫周王朝的统治者们要保证王朝的兴盛不衰，就必须以德为本，敬德保民。

那么如何养德、存德呢？就要从礼做起，因为礼作为一种规范，它本身就有着强烈的道德教化作用，它可以进入人的内心，控制人的情感，进而改善人的道德品性。在一定程度上，礼是一种自我的约束和自我道德上的一种升华。可见，礼的这种作用是循序渐进的，更多的时候是在潜移默化中影响一个人的道德品性，这与法的作用是截然不同的，法更多的是一种外在的强制力约束和控制，而不能让一个人做到心甘情愿。总之，通过礼乐的教化作用，人们懂得了明善恶，分尊卑，也使整个社会达到一种和谐的理想状态。

礼在周代的时候，已渗透在生活的各个方面的，如在射礼中，我们便可以充分地看出周代人本主义的社会特征。第一，从射礼的分类来说，不同身份的人参加不同的射礼，这一点通过对射礼的规定就可以清楚地看到，不仅有对于等级和贵贱的要求，同时对于不同等级的周人都有涉及，可见周王朝统治者对于礼的重视；第二，从射礼的内涵来看，其人本主义的特征也十分明显，孔子才提出的君子之“争”，也仅在射礼上才会去“争”，可见在射礼中“争”本身就是礼的一种表现，在“争”的过程中，彰显了君子的德行和个人修养，因此，《礼记》中强调了在射礼中对于参加者们的要求，即所谓的“进退周还必中礼”，简单地说就是要求参加者们的一举一动都要合乎礼仪的要求，从而由礼观其德；第三，在射礼中所使用的弓箭也被赋予了一定的道德意义，如射箭用的箭靶，虽然每个参加者所面对的都是相同的箭靶，但是在参加者的心里，他们所看到的箭靶，其实是他们每个人自我的一个道德标准，因此整个射箭的过程，就是一个内省和不断进取的过程。

射礼鲜明地体现了西周宗法制的特点。在周代的时候，周公制礼最直接的目的就在于维护周王朝的宗法制度，以巩固周王朝的统治地位，因此射礼中就带有明显的宗法制特点，它对于等级以及长幼尊卑有着严格的规定。对于周礼来说，有这么个说法，叫“刑不上大夫，礼不下庶人”，这并不是说只有贵族阶层才讲求礼仪，而对于平民阶层只需要使用刑罚就好，而是指不论对于贵族阶层还是平民阶层都应该讲求礼仪，只是对于二者，所讲的礼有所不同，所适用的刑罚也有所不同，而这其实正是周礼对于宗法制的一个具体表现，无处不凸显出宗法和等级的差异。同时，周朝的统治者也依靠礼来调和矛盾，化解贫富和等级差异所带来的各种社会问题，使得人与人之间和睦相处，整个社会处于一个和谐的状态。可见礼在这里不仅有效地解决了社会需求地扩大和社会资源有限之间的矛盾，而且还调和了等级差异和利益分配上的矛盾。

射礼也是西周礼乐教化的一个典范。西周的礼，对于社会生活的各个方面几乎都有涉及，使得礼在一定程度上成为周人生活的一个准则，正如《礼记·曲礼》中所讲的那样：没有礼，道德仁义就无法落到实处，教育训导会顾此失彼，是非曲直也无法判断，君臣、上下、父子、兄弟的名分也无从确定；没有礼，弟子无从侍奉老师，师徒之情也就不再亲密；没有礼，人和禽兽又有什么区别。正因为如此，才有礼制出现来教化人。

与礼相适应的是，周人还十分注重乐的教化作用，并且在很大程度上，是把礼乐结合起来使用的。其实，礼乐之间的作用各有侧重，礼更多的是在于把人与人区别开来，从而确定相互间的等级和地位，而乐则更注重抚平人和人之间的差异，从而使得人与人之间可以更加和谐相处。另外在很多时候，乐本身也是礼的一部分，这一点，在乡饮酒礼和乡射礼中都有表现。同时，乐本身就具有强大的教化作用，因此周公在制礼的同时也作乐，就是想通过乐来进一步教化民众，使得他们可以“平好恶”“行理义”。

总的来说，礼乐制度的最终指向，都是在引领大家走向有“德”行的生活。国学大师王国维先生在研究了周代的礼仪制度后写道：“故知周之制度典礼，实皆为道德而设。”从《仪礼》中所记载的周代射礼来看，当时的射礼已经发展成为一种嘉礼，这里所谓的嘉，即善的意思。郑玄解释嘉礼的时候讲道：“所以因人心所善者而为之制。”可谓一语中的。射礼发展为嘉礼，就是为了要聚合人心，使不同身份地位的人可以以礼相待，在整个社会中形成一种良好的风气，从而使人心向善，人人有德。因此孔子在评价周代的射礼，讲到君子和射之间的关系的时候，表达了自己的观点：对于君子来说，是没有什么事情需要和别人去争的，如果真的要找出一件争的事情，那就是射礼上的射箭比赛。在比赛前，双方要相互作揖谦让，射箭结束后，双方再相互作揖然后退场，最后再登台一起去喝酒，这就是所谓的君子之争，也是君子之“德”的表现。

六、从兴到衰——弓箭意义的消失

西周时期，因为射礼的缘故，弓箭的意义被不断升华，最终使弓箭和仪礼、道德产生了密切的关系，但这种状态所持续的时间并不长，自春秋战国之后，弓箭的意义开始不断沉沦。

到了春秋之时，自夏、商、周以来所建立起来的礼乐制度遭遇到了毁灭性的破坏，这种破坏不仅表现在礼乐制度本身的消亡，更为重要的是礼乐制度本身所蕴含的深刻的道德内涵也所存无几。面对这种礼崩乐坏的局面，要重新推行礼制的话，就必须对夏、商、周三代以来的礼乐制度进行总结和创造性的诠释，使其适用当时的时代需要。这一艰巨的历史和文化使命，便落到了孔子以及他所开创的原始儒家的身上，他们对于礼乐的教化作用做了深入发掘，使得礼的道德指向性更加明确，礼从一种外在的教化走向一种内在的自省，从而成就了一个人的君子之德。

在《论语·季氏》篇中，孔子说出了当时社会的无序状态和社会等级的混乱状况："天下有道的时候，制作礼乐和出兵打仗都由天子做主决定；天下无道的时候，制作礼乐和出兵打仗，由诸侯做主决定。由诸侯做主决定，经过十代很少有不垮台的；由大夫决定，经过五代很少有不垮台的。天下有道，国家的政权就不会落在大夫手中；天下有道，老百姓也就不会议论国家政治了。"孔子以上的这段话也道出了当时礼崩乐坏的社会现实。

但即便是在这种情况下，孔子也没有放弃心中对于礼的追求，他寄希望从周礼出发，来恢复以往的礼乐之治，最终引导人们走向有德行的生活。因此，在孔子看来，要克己复礼，不仅表现在对于礼仪的践行，更为重要的是要理解礼所蕴含的深刻意义。在《孔子家语·观乡射》中，孔子在看完乡射礼后，发出一声长叹说："在射箭的过程中还需要注重礼仪和倾听音乐，射箭的人要怎么样才能做到边射边听呢？这大概只有贤能有德的人才能做到吧，他们注重自身内在的修养，所以发出去的箭才能射中目标。如果是不肖之人，他怎么可能射中而去罚别人喝酒呢？"之后孔子和弟子们在一起练习射箭，因为边上有很多人围观，所以孔子就让子路去邀请其他人来比赛射箭，不过在邀请的时候，孔子借子路之口说了这么一段话："败军之将、丧失国土的大夫、求做别人后嗣的人，一律不准入场，其余的人进来。”结果围观的人走掉了一半多，接着孔子又让公罔之裘、序点举起酒杯对剩下的人说：“幼年、壮年时能孝敬父母，友爱兄弟，到老年还爱好礼仪，不随流俗，修身以待终年的人，才可以留在这个地方。”结果剩下的人中又走掉了一半。接着序点又举起酒杯说：“好学不倦，好礼不变，到老还言行不乱的人，请留在这里。”结果那一群围观的人中最后留下来的就没几个人了。

可见，孔子对于礼的重视，更重要的是通过对民众的教化，使人们具备德行，而不仅仅是要求人们刻意地去遵循礼仪形式。这正是儒家的高明之处，也是儒家经历几千年的传承而至今依旧存在的原因。在儒家看来，人之所以为人，不仅在于人知礼懂礼，而更为重要的是人可以通过礼这种形式，进入到另外的一种生存境遇，即过上德行的生活。儒家不仅重视礼的形式，更注重礼所具有的深刻内涵，所以当代著名的哲学家冯友兰先生才会说儒家在乎礼，是在乎礼作为人的概念，而不是在乎礼本身。

总而言之，西周的礼乐文化被孔子以及原始儒家的孟子、荀子进一步地发扬，使得礼乐文化的内涵更加明确，从而使礼乐文化有着鲜明的道德指向性。对于礼乐，这一时期的儒家不仅看重其对于维护社会稳定和统治秩序的重要作用，更为重要的是儒家不仅保留和传承了夏商周三代的礼乐文化，而且深入地发掘了其内涵，使得礼乐从外在的制度转变为儒家内在的修身养性的途径之一。

儒家对于自我修养的严苛要求，在射礼上也有着深刻的体现。在儒家看来，君子虽然参加的是射礼，但时刻不能忘记修身这一根本。所以儒家强调，君子在面对箭靶的时候，如果你是孩子的父亲，那就把箭靶当作成一个好父亲这样的目标；如果你为人子，那么就把箭靶当作成一个好儿子这样的目标；如果你为人臣，那就把箭靶当作成一个好臣子这样的目标，分别用慈爱、孝道、忠信等要求自己，这样的话，虽然君子面对的是箭靶，但是内心深处所面对的却是自我道德目标，从这个意义上来讲，参加射礼的过程，就是一个修养心性的过程，这就从礼走向了德，走向了孔子所特别强调的“仁”。

虽然孔子十分提倡射礼，但是经历了春秋战国的社会大变革，以后历代对于射礼的重视程度越来越低，射礼也逐渐沦为没有太多内涵的礼仪。据《汉书》记载，在汉代的时候甚至有人提议皇上禁止民众携带弓箭，理由是为了避免民众乱用弓箭引发的社会危害，不过侍中吾丘寿王对这一建议发表了不同的看法，他认为兵器不是用来害人的，而是来讨伐暴行的，秦朝夺得了天下，即使销毁了民间所有的武器，最终还是走向了灭亡，因此，圣人用射礼来教化民众的，而没有听说过圣人要禁止使用弓箭的。经过吾丘寿王的一番话，禁止携带弓箭的事情没有施行。然而，我们确实可以看出在汉代的时候，射礼的作用已经被削弱和淡化了很多。

到了唐代，射礼有所恢复，不过时间发生了变化，在每年的三月份和九月份举行。当时的统治者想以此来恢复周礼，从而以射观德，但是却未能坚持下去，效果一般。

宋、明、清三代，统治者都十分注重射礼，在明太祖时期，甚至规定学校必须有关于射礼的科目，并且出现了从重射艺到重道德教化的转变，不过由于射礼和科举之间没有什么必然的联系，因此在社会上并没有引起足够的重视，可谓兴废无常，射礼最终还是消亡了。

近些年，随着儒学热的兴起，人们重新把目光转向古代射礼所蕴含的道德意义，各类射礼活动也不断地涌现，丰富了现代社会人们的精神生活，看到这种情景，不论对于射礼还是对于国家，都是值得庆幸的事情。

小结

本章主要讲述了弓箭的历史，引导人们回到原始社会最初弓箭的雏形——弹弓。弹弓的出现，为弓箭的产生奠定了一定的基础，因此中国古代的典籍中经常会有“弓源于弹”的说法。弓箭的发明，最初只是为了方便狩猎，以便获得更多的食物，然而食物并不是原始人类生存和发展的唯一限制因素，为了扩张领地和争夺资源，原始的氏族部落之间也会发生冲突，冲突的发生，使得弓箭从狩猎工具逐渐转变成了战争武器。弩是在弓的基础上发展出来的，因此弩可以算弓的升级和发展。拉弓射箭本为狩猎和战争中所必须进行的事情，然而随着历史的变迁，到了商周之际，“射”与“礼”越来越密切地结合了起来，最终变成了一种规范的礼仪——射礼。同时，商周之时，射礼对“礼”的要求已经十分的详细具体，可以说整个射礼的过程，处处彰显着“礼”的内涵和价值。在西周以及之后的很长一段时间里，射礼之“礼”也在不断地发展和完善，并且走向了更高的层次，即对于自身道德的要求。但这种状态所持续的时间并不长，自春秋战国之后，弓箭的意义开始不断消失。在春秋之时，即使得以留存下来的礼，也仅仅是空有礼的外在形式，早已丧失了礼所具有的深刻的道德内涵。虽之后又有反复，但是却未能坚持下去，效果一般。

结 语

诚惶诚恐地写完了这本书，在写作过程中，遇到了很多的问题，查阅了大量的资料，但还是感觉没有完全把中国古代兵器元素的历史和文化内涵彻底地展现出来，这也是囿于自身学识和能力。

中国古代的兵器元素有很多，它们都有自己的发展脉络，梳理它们的历史，是一件既枯燥又充满乐趣的事情。枯燥，是因为每天都在查阅资料；有趣，是因为当通过自己的努力，把兵器元素的历史脉络梳理清楚了，心中颇有些小小的成就感。

在这个“知识爆炸”，网络文化泛滥的时代，坐下来写“冷门”的传统兵器，确实有点儿与时代格格不入，但是也仅仅是貌似格格不入而已，因为历史的发展需要文化来传承，而提炼和总结古代物态元素中的文化内涵，对于当下中国传统文化的传承、发展和研究都不无裨益。

最后，感谢元在书社和未来出版社能给我提供这次机会，让我参与到《中华文化解码》分册的写作中来，既收获了知识，也得到了元在书社武志明老师、张静老师和未来出版社高安老师的指导，受益颇多。同时也感谢元在书社张衡在本书写作过程中对我的鼓励和支持。

卢伟